# 目次

增訂版說明

# 中譯本風行十年後增訂版的劃時代意義

盧建榮

　　1996 年，凱斯·詹京斯《歷史的再思考》的中譯本在台推出，轉眼已有十年時間，做為麥田歷史書系的第一炮，總共印行了九刷，是麥田歷史書類讀者反應相當熱烈的一本書。十年來，身為書系主編的我收到不少讀者或以通信、或以口頭的閱讀心得。十年來，我與前總編陳雨航，以及歷任歷史主編，都存心將此一譯本改得盡善盡美，以回饋讀者。本文寫作期間，英文原版的新版多了作者訪問一文，正是推出增訂版的最佳時刻。增訂版的校稿付排在即，我於閱後有感而發，遂添綴數語於下以資誌念：

　　《歷史的再思考》一書是針對西方現代史學的一篇討檄文，推出之後毀譽參半，但十餘年來西方史學界新、舊史學並立的格局益發明顯。中國的新史學運動是移植西方現代史

學於中國的一個學術運動，橘逾淮而為枳，中國新史學運動亦然。中、西史界同樣追求史學現代性，但彼此內涵有別，不可不辨明。在中國，史學的現代性，主要集中在：第一、史學終可獲知真相。第二、真相建立在史料依時序做先後排比。第一點是意識形態可以不必論，第二點則決定了中國現代史學在編纂的書寫上採用了與敘述史學完全不同調的東西。這是一個與古典史學所講究的藝術性揮別了學術革命之舉措！它為求史學學科合法性，而倡言向「科學」傾斜所不惜付出的代價。八十幾年過去了，現代的中文史著只能被供奉在學術象牙塔中，而與廣大社會各階層無關。試想一般人中還多多少少會去讀司馬遷的《史記》，但號稱中國現代史學之父的陳寅恪其所著又有多少人會去讀呢？古典史學和現代史學的差異及高下，就在這個地方見出。但掌握學術霸權的史界師生後援會迄今依然不見及此。十年前，我藉由導讀《歷史的再思考》的機會，擬以後學用以衝撞主流學術社群的宰制權威，顯然成效不彰。但從文化政治的角度看，猶有可說者焉。近十年的史學變革固然不在權力版圖的改觀，然則後學的風尚漸起，而與主流學術社群有所區隔，不能不說對既有學術威權體制稍有撼動。

現代史學陣營與後現代史學陣營的對立格局並未形成之前，《歷史的再思考》一書倒是攪擾了主流學術社群所主導

的權力平靜湖面，茲舉犖犖大者如下：首先，學術機構提供
舞台讓後學的支持和反對雙方可以對話，在這裡，我們看到
中央研究院歷史語言所主辦一場學術會議，由倡言「攔截後
現代」不遺餘力的黃進興主持，邀來王明珂、盧建榮等人暢
論後學的前景。中央研究院歷史語言所所屬文物陳列館在後
現代理念支援下重新裝潢，以及更動展品展示方式，於
2002 年 10 月重新開館，由王明珂為文指出一座後現代文物
館的誕生。還有，漢學中心所屬機關報《漢學通訊》提供一
期專號，由杜維運、盧建榮等人分別執筆，由反對和欣賞的
雙方各自表述。其次，教育機構的各大學歷史系紛紛採用
《歷史的再思考》做教材，逐漸取代卡耳的《歷史論集》。甚
至有歷史研究所的入學考試以後現代歷史學入題。第三，有
學者以後現代為題寫成一本專書，我指的是由王晴佳和古偉
瀛合寫的一本書。第四，新一代的學子中逐漸有人對後學趨
之若鶩，以後學申請學術計畫者大有人在。

　　詹京斯於《歷史的再思考》所倡議的後現代史學改革方
案，在台灣落實發展的情形與西方史壇不盡相同。台灣史界
對後現代的回應集中在：第一、新文化史文本的湧現；第
二、司馬遷式敘述史學的振興；第三、「再現」（representation）
取代恢復的概念來重建歷史。

　　先說新文化史文本的湧現。許多學者表現出研究主題轉

向文化：熊秉真在明清童年文化的抉隱、發微上令人驚豔
（1999）；李孝悌注目於士大夫文人在呈現自我和敘寫他人
上獨特的情欲和身體（2001-2005）；張瑞德對兩岸爭奪 7 月
7 日和 10 月 25 日節日的詮釋權，情有獨鍾，指出節日意涵
隨政治而搖擺（1998）；蔣竹山筆觸所及，揭示女性裸體在
戰爭中的挪用（1999）；陳熙遠勾勒年假狂歡活動中的各種
文化越界之舉（2004）；陳元朋發掘出荔枝的珍貴性是文化
建構的結果（2003）；邱仲麟能夠嗅出北京城穢臭的味道，
是經由明清文人書寫所形成的集體記憶（2004）。從以上可
以窺知，新文化史家將人的感官和知解活動列為歷史研究的
主題，是從來沒有過的事。

　　中文世界史著內容的更新已如上述，更有學者不僅內容
變，形式也配合內容以俱變的。新史學運動以來的史家，主
要是利用有記錄的文獻材料，對於遺跡或遺物就往往束手無
策。即令一流史家如嚴耕望也只能將遺跡或遺物當論據使
用，而不知用做敘述性材料。盧建榮在處理中古華北社區居
民的社會意識課題上，將遺跡材料轉化為史學可究單位的行
動。這樣，他就能將各個社區的種種行動加以敘寫，而不是
做為論證、論點用時的引證材料（1995）。盧建榮更是台灣
第一位將「文本」、「論述」等新式術語，用於他對台灣魯凱
族反水庫運動的史作研究上（1996）。以後盧作用此新式術

語可說層出不窮。以上盧建榮不待《歷史的再思考》出版，就想讓史著從內容到形式一體更新。

　　其次，關於敘述史學的振興這一點，民國新史學運動以來，最為人詬病的寫作形式，就是連篇累牘地大量引證材料，這樣大肆引證材料還美名其說：「合乎科學。」這點跟當代西方史家主要依賴轉述史料做為歷史書寫的不二法門，迥不相同。盧建榮在探究唐玄宗朝的政治與文化的課題上，改以大量使用轉述的敘事技巧，文中直接徵引文獻處極少（1997）。這在兩岸是獨步一時的。論文倘若少徵引文獻易被人質疑難免扭曲文獻的原意。但盧氏的辯解是，有此可能，但不能因噎廢食。利用轉述技巧寫成專書的例子，更是不乏其人，計有彭明輝《台灣史學的中國纏結》（2000）、彭明輝《晚清的經世史學》（2002）、盧建榮《從根爛起》（2003），以及盧建榮《鐵面急先鋒》（2004）等書。

　　以上不管史家可以將遺跡材料轉化為可以敘寫的行動，以及放棄大量徵引史料辦法改採轉述史料的辦法，正是敘述史學在寫作上賴以生存的兩大祕技。古代的司馬遷和司馬光均深知其事。祕技失落百餘年，如今總算有史家重拾故技，兩司馬於地下有知，當感欣慰才是。台灣史學界開始出現敘述史學學會，當與此學術思潮有關。該會首任會長為中興大學歷史系教授林正珍女士，已在 2005 年開過一次研討會，

今年（2006）循例將會舉辦一場。

　　第三，關於運用「再現」觀念在歷史書寫上，這又要提到盧建榮的創新做法。盧建榮在其《北魏唐宋死亡文化史》（2006）一書中在講到古人臨終場景和臨終遺言這兩種文化現象時，他不像過去史家直接徵引出土墓誌中所載。他認為每場臨終場景，以及每位臨死者的口述遺言，都被誌作者以化約方式載入墓誌。墓誌說法無法等同於真實發生的一段過往，因此他屢屢以誌作者再現歷史的方式來呈現歷史。這是中國現代史學上第一次大規模運用後現代其「再現」理念以入史。

　　十年前賈士蘅女士翻譯《歷史的再思考》時，風氣未開，可資憑藉的參考資源不多，情況未若今天增訂版能借助十年來新的學術氣候。這裡面有許多辭語翻譯在當時猶自莫衷一是，像「文類」和「建構」這兩辭，如今許多青年學子多能琅琅上口，十年前則不然，這方面的缺失都在這次增訂版予以補救。這是賴時代進步使然。

　　整體而言，在這次增訂版中，賈女士當年「業績」約莫百分之九十以上被保留下來。從賈女士的無中生有到這次增訂版，我們看到學術累積的不易，十年於茲，所能致力進步和改善的地方就是這麼多，而台灣史界新的學術步履仍然不夠穩健，但卻代表新一代作手求新、求變的勇氣十足。這一

切都虧我們讀者鞭策的力量。

　　一次的小幅更動卻歷經十年的人事滄桑，即以出版社而論，麥田歷史叢書系列主編從吳莉君小姐的播種，中經幾位先生、小姐的辛苦耕耘到今天，在在見證了本書全面增訂版的不尋常意義。

---

## 盧建榮

美國西雅圖華盛頓大學歷史系博士，現任中國文化大學史學研究所教授，並兼任中央研究院歷史語言研究所研究員、國立台北大學歷史系教授，以及佛光大學歷史研究所教授。主要專長是中國古代文化史和當代台灣文化史，著有《分裂的國族認同，1975-1997》（台北：麥田，1999）、《入侵台灣》（台北：麥田，1999）、《台灣後殖民國族認同，1950-2000》（台北：麥田，2003）、《從根爛起：揭穿學閥舊體制操弄教改的陰謀，1990-2002》（台北：前衛，2002）、《鐵面急先鋒：中國司法獨立血淚史，514～755》（台北：麥田，2004）、《北魏唐宋死亡文化史，450-1050》（台北：麥田，2006），以及《製造敵人：唐

代兩京士大夫與河北的他者化，763-868》等書及各式論文、文章百餘篇。

作者於 1990 年代將歐美新史學（即新文化史）引進台灣，除了為文評介此一學風，更有系統地主持譯介工作，使台灣增添數十本西方名著譯作，在使台灣躋身華文世界史學文化工業的領先地位上，功不可沒。此外，作者不僅開學術新風氣，還身體力行，取史學先進國之治學道路，研究中國與台灣的歷史，這使得讀者在閱讀其作品時深感別開生面。

# 十年孤劍滄海盟

### 如何操作後現代歷史學

盧建榮

## 一、麥田苗圃終於結實纍纍

後現代的理念於上一世紀中後期流行開來之後，史學相對於相鄰的兩個人文學科，諸如文學和人類學，所受衝擊較小。在台灣，結合後現代理念操作歷史的系統著作應以麥田出版社推出詹京斯《歷史的再思考》為嚆矢。時為 1996 年，距離今天剛好屆滿十年。麥田秉諸回饋讀者的誠意，適時推出改校版的《歷史的再思考》，公司囑我以書系主編立場再寫一篇新的導讀，加上後現代史學的烽火乃是我所引燃，於公於私我都有責任在這裡與讀者見面。

十年前，我在麥田史學園地栽植的一株幼苗，在歷經前後兩任總編，和數位編輯悉心呵護之下，如今已長成一棵枝

繁葉茂的大樹。麥田終成為國內領導史學流行的一個品牌。從不知後現代為何物，到有一本引介概念的入門書，以迄十幾本中、西後現代史學文本在中文世界流布的開花結果。如今，從事後往前看，才十年光景有如此學術業績，確實是我當初所始料未及。當初只是一股何妨一試的心緒在攪動，結果促使史學界往多元格局邁進，未始不是美事一樁。

飲水思源當感謝有前瞻眼光的前總編輯陳雨航，比較十年前和十年後，局面已判然殊異，更何況我已在十年前點出該文本本身的精髓，以及文本與社會的連動關係，我就不用重複十年前的論述工作。新的導讀的重點就不應放在詹京斯文本本身內容介紹，況且該文本早已不再是引領讀者認識後現代史學的唯一津樑，在後現代史學資訊充斥的今天如何從一個更嶄新的視角去看待重新開張的詹京斯中譯文本，或許別有一番意義。

未來的史家如果要寫 1996 到 2005 年這頁台灣史學史，會發現兩個耀眼的果實，即本土化史學和國際化史學。本土化史學業績指的是在「我們是誰？」政治運動思潮帶領之下台灣史文本所涉及的國族論述知識製作，國際化史學業績指的是中文歷史文本隱含要與國際史壇對話的欲求，如此涉及的知識性質雖不可一概而論，但想要提升學術層級的努力是昭然若揭的。

　　麥田的出版品與上述國際化史學關係較為密切，而這一切又與後現代思潮相關。我就從這裡講起。

## 二、何謂再現，如何落實到研究上？

　　英國史家彼得‧柏克（Peter Burke）在一次接受訪問時指出，西方史學先進國的史家大抵在二次大戰後逐漸傾向歷史知識的性質，不再是真相的探求。他這句話要在後現代思潮脈絡去尋思才有意義。無獨有偶，柏克和詹京斯都在1992 年推出他們生平重要作品，前者是《製作路易十四》（ *The Fabrication of Louis XIV* ），後者是《歷史的再思考》。麥田約在 1994 年同時看上這兩本書，先後買下版權展開中譯本製造工作。於是，就如讀者所知，詹京斯的文本和柏克的文本分別列入叢書的第一號和第三號，中間夾了委由江政寬主譯柏克的《法國史學革命：年鑑學派 1929-89》（ *The French Historical Revolution: The Annales School, 1929-89* ）的第二號。如今，三號書已有新版推出，一號書新版就是讀者手中的本書。受到後現代影響史家之一的柏克，跟傳統史家分道揚鑣之處在於他接受「再現」的理念。柏克與詹京斯在汲取後現代養分上，表現出來的，前者將再現理念加以實踐，用在他自己文本書寫上，後者則光說不練，大談理念為何。在此，

我們讀者要了解，在西方，詹京斯扮演的不是後學理念的原創者和先驅者，而是後學理念的詮釋者兼傳播者，這點與他長期擔任大學教職工作關係密切。在詹京斯文本未推出之前，西方除了後學思想大師輩出之外，帶點後學味道的史學文本也自方興未艾，柏克的《製作路易十四》正是在諸多這種史學文本中的一本。本導讀的工作著重理念如何被實踐，這應該是十年後的今天讀者熱切想知道的事，在我史學方法的課上一雙雙熾熱的眼睛告訴我，學生們想知道理念如何被實踐，超過理念為何物多的太多。

1672 年，法王路易十四御駕親征荷蘭，1674 年，法王凱旋歸國，1678 年，法荷兩國在親荷盟邦（即英國和西班牙）見證下簽訂和約。在這件法國入侵荷蘭事件中，在法國官方史料堆裡，各式各樣頌揚路易十四的藝文文本不勝枚舉。在此，柏克為我們展現後現代歷史書寫的特色。他先是說，路易十四的一些化妝師掌握了這次創新拍馬功夫的機會。同時，對於可以細論有關這件事的國王形象描述上，柏克寫道：「我也一樣會掌握這個機會。」（麥田譯本頁 95）在此，史家採用一個介入史事的筆法。此外，我要強調的反而是以下兩點：

第一，在展現拍逢功夫的法國官方史料裡，柏克逐一檢視各類視覺材料，諸如油畫、雕像、紀念章、壁雕、方尖

碑，以及凱旋門建物等，更旁及路易十四頌揚隊伍所寫的頌詩。無論是視覺材料，還是文獻材料，柏克視之為文本，並以此駕馭史料解讀工作。接著重點來了，柏克指著一件雕刻作品，說：「以寓言形式再現這個事件。」（麥田譯本頁98）；柏克稱慶典所展示的物品為「再現國王勝利的物品」（麥田譯本頁99）。1672到1674的確發生了法王率軍入侵荷蘭之事，後人憑以重建過去（傳統史學說辭）、或再現過去（新式史學說辭）的材料，無非是上述那些視覺，以及文獻材料。但儘管材料相同，書寫的方式卻大不相同。依傳統方式，史家較依賴文獻材料超過圖像材料，原因是文獻在表述上有方便徵引之處，而徵引文獻是傳統史家展現證據的唯一法門。對於圖像材料，傳統史家只能望而興嘆，當它們不存在了。相反地，新式史家有能力對圖像進行解讀。就像柏克逐件解讀圖像並指出其中的義蘊，然後再將每件圖像的意義用白描功夫予以轉述，從而鋪寫成篇。

　　第二，柏克並不以此為已足，還進一步指出這個馬屁文化的背後到底有何掩飾之處。柏克再透過荷蘭史料獲知不僅法軍沒有贏，而且還諱敗為勝。原來法軍入侵第十天後，遭荷軍開啟堤閘放水，法王只好敗興而歸，留下部隊繼續作戰，只佔領一個據點後見好就收。而翌年法軍即令再闖戰場，也討不了什麼便宜。以上法王旅荷十天，法軍攻佔某據

點，以及法軍另闢第二戰場等三個軍事行動，都被國王的文宣部隊繪聲繪影宣傳成古今罕有的奇功。這時柏克換成一位傳統史家的嘴臉說：「官方敘述與事實間的差距，是難以掩飾的。」（麥田譯本頁 103），又說：「在官方敘述中，沒有什麼困難是路易無法克服的。」（同上，頁 103）請讀者留意，我們與其說柏克於此比較同情荷軍的抵抗，毋寧說他還是相信歷史有事實的成分，只是程度多少罷了。同時，我也必須指出在對後現代理念的求援上，在 1992 年時，詹京斯比起柏克來遠為激烈得多。

　　柏克告訴我們，材料上所指涉的根本不是原件，卻被理解成是原件。國王所作所為透過他的文宣部隊留給世人兩樣東西：一是國王有其一定的形象，卻被裝點成理想模樣，二是國王真做過某事，卻在遺跡、遺物上留下被七折八扣成讓後人面對的事物。對於上述不是原件的東西，柏克的文本中不是說再現特定形象，就是說再現特定事件。在這部分，柏克展現受後學影響而有的新史學呈現風格。關於特定事件及其相應史料之間的關係，我打個比方，讀者就會明白。那就像人們開會過程本身與事後公布的會議紀錄之間的關係。開會時人們即使再爭吵個夠，後人憑以看到的會議紀錄所呈現的是人人一副理性討論的模樣，其中少有過程的細節，只有結果。至此，試問讀者諸君，憑藉會議紀錄如何重建實際會

議進行的原貌？這在新式史家是承認這裡面所牽涉的書寫困境，而老實告訴讀者說，我所寫的開會情況是我根據紀錄所作再現的東西，跟真正實際開過的會議本身，很可能是兩碼事。新史家如柏克何以在其文本中屢屢出現「再現」字眼，不下四、五十次之多，道理在這裡。多虧麥田出版實踐後學的史著文本，否則我要舉例的話，會多費手腳。這也是我寫第二次導讀改而著重後學理念實踐的理由。理由無他，麥田除了有理念的作品，還有更多實證作品，可供我在寫第二次導讀時，信手拈來到處都是可資援引做為例解的材料。

　　同樣，本土創作中有關再現的實踐，我可舉拙作《中國中古死亡文化史，450-1050》（台北：麥田，2005）為例來說明。盧作所用史料為出土遺物的墓誌銘。中國人在瀕臨死亡的時刻會做兩個動作：一者親友環視臨死者並與之訣別的「飾終之典」，二者臨死者會宣布口頭遺囑。但墓誌文本中不見得誌誌載有這兩個動作。在墓誌記述項目規格化以來，誌作者在呈現人的一生事情上，臨終場景的捕捉是一個很重要的文化項目。但許多臨死者即令做過以上兩個動作，不見得都被誌作者載入誌中，而且就算載入誌中，可能有所簡化，甚至有所保留。現在史家在利用墓誌這種死亡敘事文本時，如果要向讀者傳達每位臨死者在面對死亡的態度上，對新式史家如盧建榮而言，他就不會如傳統史家在書寫上採用徵引

史料的口氣，他改而說，誌作者再現臨終場景如何如何。

　　以上不論柏克捕捉路易十四其文宣部隊在形塑國王公共形象事情上，還是盧建榮呈現墓誌作者記述臨死者面對死亡態度上，都用再現的概念，意思是文本所載離實際發生的過去猶有一間的緣故。這種文本所載與真實的過去有所距離，是傳統史家所輕忽的。

## 三、何謂集體記憶，如何運用到研究上？

　　人們所憑以認知過去的是歷史文本，偏偏歷史文本所載與過去之間不能畫上等號，這是新式史家與傳統史家高舉歷史貴在求真旗號的分野所在。在這點上，有的史家在歷史書寫上引用「再現」的概念，已如上述。有的史家則乾脆說人們所認知的歷史世界是一種人類集體記憶的東西，而記憶之於過去則真假相摻。

　　上一世紀第二次大戰期間，德國納粹屠殺猶太人幾百萬，予猶太人永難抹滅的創傷。面對這段歷史，美國史家鐸明尼克·拉卡頗（Dominick LaCapra）別有會心，提出以集體記憶的理念來撰述這段歷史，書名叫《奧斯威辛之後的歷史與記憶》（*History and Memory After Auschwitz*）。他根據四種文本進行一場人類極度創傷經驗的歷史書寫工作，這四種文

本是，其一，1988 年西方學界對於這場屠殺的大辯論，其二，1950 年代一本關於劫後餘生者的法文小說，其三，一部長達九小時的紀錄影片，以及其四，一本美國製作的關於大屠殺的漫畫。透過這四種文本分析，拉卡頗以心理學角度敦促人們進行反思。他說，與其宣洩情緒，毋寧走出事件以獲取心靈的解消。這件屠殺事件的歷史意義端賴人類追思其故，從而走出悲情。歷劫受創的人一腦袋栽入痛苦深淵之中，治療的過程何其漫長。這樣的社會過程，會使得商業性藝文文本多如泉湧，而社會絕大多數人在消費這些藝文文本期間，不管有無意義的療效都在形塑社會的集體記憶。這是社會看待歷史的方式，因此，他說集體記憶才是歷史的本質所在。

　　在台灣，祖述歷史的論述本質是集體記憶的旗手是王明珂先生。他的貢獻在於中國人兩度於文化邊界的擴張這一課題上。這兩次文化邊界的擴張，分別發生在春秋、戰國時代，以及西漢、東漢時代。而第二次擴張算是達到中國人所能到達的政治的、和經濟地理的極限，與今天中國版圖相比，只差了滿洲人送給中國人的禮物：青康藏高原和蒙古草原。在漢代，漢人對於四裔異族「形象」的建構，決定於與自己經濟生業（是否農耕定居？）和國家形態（是否有單一領袖？）相近度；愈相近的異族，設法令其內地化，諸如朝

鮮、越南、滇國、夜郎等，愈不相近的，諸如匈奴和羌人，則盡可能採取武裝鎮壓，把他們定住在華夏文化的邊緣。

漢人生產許多有關這些異族其「異族性」的敘事文本，用來刻畫「邊緣」、來凝聚「中國」。凡是被中國選定有內地化資格的國家，就要這些異族奉獻奇珍異物，用來象徵這些異族與中國之間的差異。這些沒有歷史的民族端賴漢人的紀錄為他們塑像，他們究竟是誰，全是制壓他們的漢人替他們講出來的。

王明珂還講到一個重點，中國境內幾億語言、風俗各異的群落之所以想像他們是一個民族，靠的不是內部文化的一致性，而是扮演「華夏邊緣」那些異族提供給比起中國內部文化的不一致性更大的殊異，此舉讓內部群落自我想像相似性。中國將此華夏邊緣維持住，一旦這樣的邊緣形成之後，中國便軟硬兼施對這些異族予取予求。

漢帝國與四鄰的戰爭，主要發生在對匈奴和對羌人事務上。對匈奴還好，那是一個雙方有底線的戰爭，反正漢人是不可能到草原過遊牧生活的。但羌人與漢人邊界上有著宜農宜牧的地帶，像青海河湟谷地，以及川西北的谷地等，是漢人垂涎的地帶。漢羌之間地理生業空間的爭奪就此如火如荼展開了數百年之久。最後，有許多羌人慘遭屠殺，也有許多移民渭水流域，形成日後西晉帝國的一大隱憂。不過，那些

內屬的異族，都教漢人透過歷史書寫教導他們，與漢人是同一祖源，於是就信以為真樂於成為「華夏」的成員。

　　以上漢人當局及其國家代理人不論是對核心內部（即所謂的「中國」）各群落，還是對被定位在邊緣的異族，他們之間彼此有別的認知完全是集體記憶的結果，在這過程中，有被教以失憶和強調該牢記之處。至於真正發生過什麼事，可能就不是人們所關心的了。

　　上述不論是拉卡頗處理二十世紀德國人屠殺猶太人的歷史，以及王明珂探討西元前三世紀到西元三世紀漢人與周邊民族文化邊界的確立，都是以集體記憶的理念在解釋人們的歷史認知，與真正發生過的那個過去，實際是遙不可及的兩個東西。但人們透過集體記憶的方式去認知歷史確是千真萬確的事。最後，容我告知讀者王明珂這本力作叫《華夏邊緣：歷史記憶與族群認同》（台北：允晨，1997）。


## 四、何謂敘述，如何適用到研究上？

　　敘述本是古代中國史家的看家本領，在那個文史不分的時代，司馬遷的作品是史著，但同時又是千古追模的文學典範，歐陽修是北宋文壇祭酒，但同時寫有《新唐書》和《新五代史》兩本史著。這都是古代中國敘述史學的著例。上一

世紀二〇年代中國新史學運動以來，史家為求新史學的合法
地位不惜拋卻祖宗無盡藏的那枝文昌彩筆，使得長期以來現
代中文史著讀之味同嚼蠟。有文采的史家屈指可數，汪榮祖
先生的本本史著文采曄曄，這在現代史學算是異數。這在西
方也有相同的困境，唯西方在上一世紀七〇年代經幾位大史
家為文做河東獅吼，提倡回復敘述史學起，敘述史學文本開
始鋪天蓋地而來。中文世界的絕大多數史家只要一接觸西方
敘述史著，難免瞠目結舌不迭。當年力倡敘述史學的西方大
師，諸如海登‧懷特（Hayden White）、艾瑞克‧霍布斯邦
（Eric J. Hobsbawm），以及勞倫斯‧史東（Lawrence Stone）
等三人，其作品的中譯本都由麥田出版，麥田的讀者應該不
陌生。

　　敘述史學是一種藉用文學表現文化來從事歷史書寫的一
種方式。海登‧懷特特別指出西方十九世紀的大史家其作品
隱涵文學表現文化，亦即史學敘事文本中不乏修辭學的講究
和情節的編織，根本與文士操筆弄文沒有兩樣。每本史書都
有一種修辭學調性，至於是悲劇、喜劇、諷刺劇，全隨史家
決定之。

　　1799 年，法國革命曆法的霧月 18 日，拿破崙‧波拿巴
發動政變推翻政府，最後從首席執政成為皇帝。五十二年後
這位政治野心家的姪兒路易‧波拿巴師法當年乃叔故伎，就

在 1851 年亦選霧月 18 日發動政變推翻共和國體，讓自己變成皇帝。對於這種攫奪 1848 年民主革命果實的行徑，有位學者悲不自勝，寫了篇〈路易・波拿巴的霧月 18 日〉一文，抨擊沐猴而冠的這位法國皇帝。這位學者不是別人，正是大名鼎鼎的馬克思。讀者諸君請留意，1799 年霧月 18 日對於 1851 年的路易・波拿巴和馬克思而言，是歷史典故。路易賴此典故搞政治，文士如馬克思用此典故譏諷政客之不是。馬克思的文題只要是西方略通文墨的人皆知此典故，而且是深知其中有著政治鬧劇的修辭學意涵。這篇文章從訂定題目就預示了此文終將不朽。再加上內容有著社會史創意的石破天驚之舉，無怪乎一百五十多年過去了，仍不乏讀者在諷誦該文。這原是一篇政論文章，但因深度夠，歷史的豐富性強，反而變成一篇歷史敘事文本的絕妙好辭。

講到這裡，我要請出海登・懷特為我們講解。他認為愈是具有諷喻性的歷史文本，愈能對大眾形塑有效的歷史認知。馬克思〈路易・波拿巴的霧月 18 日〉一文，在懷特看來，不無充滿修辭學和情節編織的質素，透過 1799 年這個歷史典故的取用（不管是路易・波拿巴還是懷特），愈是有左派想法的知識階層人士愈能一眼看出這是在指涉一位小丑型政客攫奪了革命的果實。光題目就達到震懾政治右派的效果，就不用說內容的批判性力道，以及力透紙背的歷史洞見

了。馬克思此文在西方知識界盛傳已久，懷特以此文本來講解他獨門的歷史意識，允為精到的譬解。但對台灣讀者容或有陌生之處，故爾我略作說明如上。

盧建榮於 2004 年推出的《鐵面急先鋒》（台北：麥田），是一部歷史敘事文本。通篇在解釋從 514 到 755 年何以會出現一批以徐有功為代表的爭取司法獨立隊伍。作者先從 693 年徐有功因辦案遭政治迫害事件講起，做為這段二百四十餘年歷史的切入點，再以回溯筆法追述宗教信仰與司法專業的關係，一路往上追，追到國家成文法典的頒布所牽涉的法津知識的製作，最後更追索到 514 年以來的司法組織架構的大調整無意間帶給公正法官創造司法獨立的絕佳機會。在這漫長的追蹤歷史過程，中間又穿插了 693 年到 755 年的歷史發展。這是一個時序顛倒、錯亂的敘事文本，倒敘、插敘的筆法散見全書各處，一反傳統史家直線史觀的呆板操作方式。

馬克思在寫 1851 年法國路易‧波拿巴竊國、並變更國體事件，跟盧建榮在寫 514 到 755 年一群法官力抗強權的現象，卻是分別屬於海登‧懷特所說的笑鬧劇和悲劇這兩種戲碼。高明的笑鬧劇可使讀者咧嘴大笑之餘，流出眼淚。悲劇於讀者的感染力可使他們讀出史書的寓意，這些都是敘述史學的迷人之處。

在這裡，麥田提供許多敘事文本供讀者取讀，它們計有林‧杭特的《法國大革命時期的家庭羅曼史》（Lynn Hunt, *The Family Romance of the French Revolution*）、雷蒙‧瓊納斯的《法蘭西與聖心崇拜》（Raymond Jonas, *France and the Cult of the Sacred Heart*）、彼得‧柏克的《製作路易十四》和《知識社會史》（*A Social History of Knowledge*），以及多本霍布斯邦所寫的書。立緒出版社出版好幾本彼得‧蓋伊（Peter Gay）的書，也都是歷史敘事文本的名篇。從這些作品，讀者見識到史家講故事不凡的功力。

## 五、如何在傳統史家英雄無用武之地大展身手？

傳統史家的慣技是處理國家主題的大歷史，多在政治菁英和文化菁英處深所著墨，此所以政治史、軍事史，以及思想史和藝術史在過去大行其道的原由。新式史家則著力於社會部門，先是關心人類的集體行動，表現出的就是經濟史和社會史，這是上一世紀六〇、七〇年代世界史壇的重頭戲。新式史家於上一世紀八〇年代繼而關心人類集體行動背後的文化邏輯，特別是社會弱勢群體的文化作為。此新文化史所以勃興的緣故。新文化史是回應後現代史學理念的主力所在。如果詹京斯於《歷史的再思考》所立下的矩矱，是後現

代史學的極致，則新文化史家所做的只不過是達到此一矩矱的些微部分。詹京斯的追隨者組織一個叫「歷史的再思考」的社群，這群史家光說不練，就像詹京斯一樣，鎮日價只談理論不做實證研究；而詹京斯於其 2003 年新作則愈走愈趨極端，情形有如人類學中有一派思潮專思人類終究無法了解異民族和異文化，只差點沒讓人類學走入窮途末路。

受到後現代理念的刺激而有所反省的新文化史家在技術層面上，一方面進一步擴大史料的利用，另一方面對於依賴甚深的檔案材料找到它的極限處以避免過度使用、甚至濫用。

在進一步擴大史料的利用這一方面，新文化史家開發出遺跡材料和文學材料這兩種史料。先講遺跡材料。本來史家只擅長利用白紙黑字的文獻材料，而且這類文獻材料多半是記載性質的敘事文本。譬如，漢武帝天漢二年（西元前 99 年），李陵出擊匈奴因寡不敵眾投降。這一軍事失利行動分載於《史記》和《漢書》這兩本史書中。現代史家不論在研究漢匈關係，或是漢匈軍事史，抑或是延伸出去做此一事件的餘波，諸如司馬遷因替李陵說話而遭刑，李陵會見漢使蘇武，以及日後有人偽託李陵的子孫等等，都是傳統史家意識到的問題。還有，這些問題在時序上前後清晰可觀，方便史家編織因果情節從而製作出史著。

在歷史過程中，許多人的作為不見得被史家意識到而載入史冊，對於當時的人沒有意識到的事物，比起引人注意而入史的事物，兩者之間的多少直如大海和從中汲取的一瓢水的差別。新史家對於人自己做過的事卻沒有意識到，或是人盡皆知被認為不足入史的常識，卻情有獨鍾，而用力發掘；這類事物比起與國家主題有關的大事來，只是小歷史（histories），而且都是出於古代沒有入史資格的小人物（包括婦女和下階層各種邊緣群體）所為。

美國史家雷蒙·瓊納斯對於崛起於十七世紀末一個法國地方小教派——聖心教派——在此後兩百年竟然捲動全國政治，深表關注，於 2000 年出版一本書叫《法蘭西與聖心崇拜》（台北：麥田中譯本，2003）。瓊納斯於書中使用了不少遺跡材料，如巴黎聖心大教堂，具有通靈能力的地方聖者遺骸及其所在的教堂或修道院；也使用不少遺物材料，如與耶穌心臟有關的各種圖像飾物和標記，再如為了建造聖心教派的全國總壇動員全國勸募的小額捐款認捐卡，還有其他各種圖像等。瓊納斯收集到這類遺跡物事，第一個反應就是返原到原來物事所在的脈絡裡去，從中探究與這類物事有關的人類集體行動及其背後的心靈結構。

其實，類似瓊納斯的研究策略早在 1995 年盧建榮於發表〈五至六世紀北朝鄉民社會意識〉一文，就著了先鞭。盧

氏是在探討全國各地社區宗教活動中緣何會發展出為國家祈福的行動，為何百姓日常生活中會去關切國家這類離他們至為遙遠的物事。盧氏所用的材料就是社區教民捐錢打造石製神像的活動中，會在神像背後銘刻上「祈願文」和「功德名單」這兩件東西。盧氏就利用出土石製神像背後這兩種文字材料展開研究。原來傳統史家在使用這種史料時，只是為證明自己論點時徵引用的材料，如今盧氏將一則則祈願文轉化成一件件信仰行動，而功德名單正好用作分析鄉間社區人群社會成分之用，看一個又一個宗教團體在族群、性別，以及階級的分布。盧建榮當初為文之時，唯恐研究方式過於新潮和大膽，特別在導論部分指出所受方法論的啟發來自新文化史家，諸如卡羅・金斯伯格（Carlo Ginzburg）、勒華・拉杜里（E. Le Roy Ladurie），以及娜塔莉・戴維斯（Natalie Z. Davis）。還有對海登・懷特主張文史有其親緣性的學術改革方案有所領會，也寫在導論處。這引起一位評審建議拿掉方法論的探討等兩段文字，經我力爭保留，蒙他寬宏大量予以放行。十年後的今天看來，這兩段文字成了日後研究二十世紀台灣學術思潮的絕佳文獻材料。

　　第二是關於文學材料的使用。傳統史家堅持史文是有分野的，而且不能逾越，這是基於以下認知：歷史文本寫的是真實事物，而文學文本則充滿虛構情節。虛與實是對立事

物，是不同性質的東西，史家如何能以文學文本做為史料並憑以入史？也就是長期以來傳統史家視龐大的文學作品材料為史家在使用材料上的禁區。如今新文化史家則試圖打破這個禁區的學術禁忌。

文學出版品在推動歷史走向上到底扮演什麼角色？這一課題的提出便意味了學術思潮的丕變。研究法國大革命史的史家群聚在這裡展開一波又一波的解答工作。這裡面貢獻較大的非新文化史家莫屬。羅伯特・達爾頓（Robert Darnton）於 1882 年發表論文集，書名叫《地下文學與舊王朝》（*The Literary Underground of the Old Regime*）；又於 1889 年糾合同道出版論文集，書名叫《印刷品中的革命：1775 到 1880 年間的法國出版界》（*Revolution in Print: The Press in France, 1775-1800*）。這些研究認為是地下文學，而非官方核定的出版品在形塑革命上居功厥偉，法國出版自由的獲得主要來自非法出版商而非規矩的合法出版商。然而，這些研究畢竟還只停留在文學作品對社會的影響這一環節，真正運用文學作品內容進行與大革命關連研究的，就屬林・杭特，她於 1992 年推出《法國大革命時期家庭羅曼史》（台北：麥田中譯本，2002）。法國大革命將國家體制的改革推向時間表，從君主專制，中經君主立憲，到共和政體，亦即歷經從君主集權到主權在民的政治變遷。一個無君的新式國家究竟是如何模

樣，忙壞了革命前後的法國藝文作家，大家一起想像新的法國會是何等景象。林·杭特告訴我們，法國藝文作品裡新的家庭成員關係這樣的文化模式蔚為風氣，其中關鍵在於父親權威地位不再，如此便帶來了兄弟平等的新關係，同時，母親變成新式家庭的威脅來源。藝文作品大量建構因新好男人和新好女人所組建的新式家庭及其所衍生的新成員關係，影響所及，無君（暗寓沒有領袖的共和國）的新政治架構就被革命黨徒給塑造出來。新的政治架構需要新的政治文化作支撐，這個新的政治文化就從新式家庭成員關係文化模式汲取養分。在此，文學作品（且撇開林·杭特所利用的藝術作品不論）不是用作反映時代的材料，而是用做建構論述、形塑時代的材料。林·杭特並不是說，革命期間的藝文作品正好反映了當時的政治文化，而是說在革命之前，以及革命進行間，許多藝文工作者透過作品在做從事打造新國家／新文化的工作。這種藝文作品落到今日新文化史家手中，正好藉以錘煉出大革命期間的特殊文化。

　　類似的手法亦見於 2003 年盧建榮發表〈景物寄情：唐宋庭園的文化與政治〉一文中。就在中唐以迄北宋的各類黨爭事件脈絡中，盧建榮利用〈亭／園記〉這種文類的文學作品，來講政爭失敗者讓出自家庭園，當做政爭勝利者掌控中央政治舞台的附帶禮物。庭園是握權中央者得自敵方的禮

物。在此，文化作用的庭園是一種另類的權力形式。盧建榮在〈亭／園記〉文本中發現兩種一時頓挫者的心靈結構：一是藉園林休憩逃避現實，另一是藉園林鍛鍊體魄待時而動。觀賞園林的背後是那麼的政治煙硝味十足，是任何人都想像不到的事。政敵之間透過〈亭／園記〉文本做為文化戰爭的場域，最有名的例子莫過於北宋新黨領袖之一的范仲淹說，他要用庭園與眾共樂，北宋舊黨健將之一的司馬光則說，他偏要在自家庭園獨樂。這種針鋒相對的政治放話，都利用文學作品當做政治文宣品。政治不徒然只在中央政治舞台上赤裸裸地搶佔位子而已，還在日常生活遊園賞景之餘，退而發表一篇〈亭／園記〉文章來從事文化戰爭一番。

第三，新式史家不使採用檔案技術的招式過老，而超越了檔案材料可資利用的極限而不自知。在上一世紀七○年代，義大利史家卡羅‧金斯伯格和法國史家勒華‧拉杜里不約而同都使用法庭口供材料去處理下層社會人士的心靈狀態，甚至他們的社會文化。這麼作引來同行兼同志的鐸明尼克‧拉卡頗質疑說，口供材料是代表書寫文化的書記官針對犯人口傳文化加以翻譯而成的文本，它們已是被轉化成書面文化，不再是口傳文化的本身。亦即，史家倘若據口供材料想要得出下層社會的文化，不啻是緣木求魚之舉。這類針對從口供材料能否得出下層文化的討論，無形中替娜塔莉‧戴

維斯寫作《檔案中的虛構：十六世紀法國司法檔案中的赦罪
故事及故事的敘述者》（台北：麥田中譯本，2001）一書在
方法論上預作鋪路。

　　戴維斯一書於 1987 年出版，她根據法國十六世紀許多
殺人犯為求國王赦免其罪所寫的赦罪狀，不是要還原凶殺案
是如何發生的，而是要指出聽訟者（包括國王和法官）、凶
手、賴寫赦書營生的職業人（包括法庭書記官和律師），以
及愛聽故事的聽眾，如何合演一齣赦罪的戲碼。在這戲碼
中，當時流行的說故事文化為何，以及社會原諒犯錯行為與
性別的關聯性為何，才是史家用心想要去發現的對象。傳統
史家拿到赦罪狀這種白紙黑字的史料，就饑不擇食地大談特
定凶殺案如何發生。戴維斯不此之圖，她認為凶手的真正動
機和犯行的一些細節已因為求國王寬恕都加以掩飾了，他們
所說的無非是滿足社會各階層人士喜聽一則則浪子、浪女回
頭金不換的故事。也就是說這些赦書所載的故事是虛構的，
而不是當時真正發生的事件的本身。

　　同樣地，唐代晚期出現許多敢跟武則天對抗的司法英雄
的小說文本，這類小說有一共同的情節就是，武則天在宮內
單獨召見司法英雄的情節竟然流出宮外。這些私密空間的君
臣對話照理後世無法獲知，但小說家為滿足聽眾想聽司法英
雄大義凜然的話，只得把武則天的人格給作賤了。也就是晚

唐流行的司法英雄故事是以犧牲武則天真實作為來當做代價的。在這類小說中，女皇帝是位萬惡的皇帝。這裡面似乎在透露，這位皇帝之所以壞與她性別有關。但因聽此類故事的聽眾是否以男性為主，沒有資料可以確定。所以，盧建榮在寫《鐵面急先鋒》一書的時候，不好將這類司法英雄的故事聯繫上性別這個文化因素。這點不同戴維斯在處理男女凶手在所呈遞的赦書中，期望社會寬恕的原由是男女有別的。但不論如何，在司法案件所涉及的說故事文化，盧建榮不讓戴維斯專美於前，寫出一本關於中國版的司法案件的說故事文化。這樣，中文讀者對照這兩本中西史著，相信不難領會出，敘寫司法案件的小說文本固然有其虛構性，但司法案件相關的檔案也有虛構的一面，不論文本為史抑為文，既呈虛構，那麼就涉及講故事的文化，這可是貨真價實，過去真正存在且發生過的事。

## 六、歷史文本只有好壞，無所謂新舊

　　一部史學史就是一部在史學理念上推陳出新的學術史。當一個研究模式形成典範而為人人所共守之後，連帶使得發掘新課題的能力漸趨遲鈍的現象伴隨而生，這時一些求新嘗變之士自然適時出現，迨新派人士群聚愈眾，且作品愈發可

觀,則原來的典範於是乎就被新的典範所取代。但在每一種
典範裡都有傳世之作留下來,並不因新典範出現,這類舊式
典範之作就被掃入歷史灰燼之中。否則我們今天不會老對
《史記》溫故而知新,也不會對托克維爾《舊制度與法國大
革命》(Alexis de Tocqueville, *L'Ancien Régime et la Révolution*)耽
讀不厭了。中西史學中歷久彌新之作就是中國古典標準的
「藏諸名山之作」了。歷史作品只有好壞,無所謂新舊。新
作中大多數失敗之作自然會被淘汰,絕不因戴著一頂新帽就
可免於被淘汰的命運。

　　本導讀並不是在做後現代史學點將錄的工作,只是在指
出後現代影響當代新史學重頭戲的新文化史之處,有關三個
核心概念,即再現、集體記憶,以及敘述,還有就是有關史
料的擴大和慎用的技術面上,強調如何操作。在這一構想
下,三個核心概念和三種運用史料技術面上,各舉中西一例
以資說明。西方例子上,儘可能講不同名家的作品,但在中
國例子上,由於新式史家人數尚少,適合譬解的書文也不夠
多,我舉來舉去只有王明珂和盧建榮兩人而已。事實上,截
至目前為止,中文世界的新式史家以他們兩人作品較有可
觀,也是不爭的事實。

　　在後現代實作文本充斥的今天,談史家如何實踐後現
代,應比談十年前亟需的後現代究為何物來得切要。這是我

十年前導讀不同於十年後導讀的道理所在。既然講實踐，就得祕技大公開，這是我報答支持此書締造它十年九刷紀錄的讀者而做的特別服務。但我仍必須保留一些獨門祕法，專供上我史學方法課的學生享用，恕我不便公開。

　　十年前盧建榮一人孤劍獨行，獨自領略後現代盧山的景致，如今前赴後現代盧山的人士漸多，而領略又各自不同，這真是台灣史學社群醞釀改變的一大契機。

盧建榮寫於南京東路三段羅多倫咖啡店

2005 年 11 月 5 日

# 有志者必讀的入門經典

古偉瀛

　　翻譯本身像是研究歷史，原文是史料，譯文是史著，史著雖然可以發揮，但其源頭為史料，而且也不能超出史料的範圍，畢竟無法虛構。有人說經典是人人都說該看且值得看，但很少人從頭到尾讀完的書。詹京斯此書被 Routledge 出版社評選為二十世紀歷史領域中的「經典」，自然有其道理在，麥田在 1996 年初譯此書之後，現在要增訂，並邀請我寫一導讀，深感責任重大，乃再就其原文及譯文精讀數遍，將原來的錯誤加以訂正，可以疏通之處，加以按語，使得此原為英語世界讀者所寫的書，能為中文世界讀者盡量吸收，庶不愧為此經典之地位。

　　對於後現代史學的各種主張之整體性回應，一般以為英國理查‧伊凡斯（Richard Evans）所撰寫的《為史學辯護》

（ *In Defense of History* ）[1] 較完整且中肯。本導讀就不再重複，純就此書中較需釐清之處及本人之看法加以闡述。

　　本導讀將以兩種最通行的歷史定義開始談起，因為這兩種定義分別代表四十年來流行及後學興起後的兩個時代的定義，而藉此機會呈現較完整精確的譯文，以供讀者參考，並可藉此比較而立即感受到兩者的差異。四十年來主流史學最通行的歷史定義是卡耳（E. H. Carr, 1892-1982）所下的：「歷史是史家與他的事實之間不斷的互動過程，過去與現代之間永恆的對話。」[2] 中文學界往往將「他的」二字省略，其實熟悉卡耳的人多知，他很強調史家的角色，卡耳在此書中即明白指出史家找事實就像是在海中捕魚，「事實」並「不像魚販子櫃台上的魚，而像是戲游於汪洋大海中的魚，歷史家所捕得的，一部分固然是靠運氣，但大部分則要看他捕魚的地點和捕魚所用的工具——這兩件事的決定自然又要看他

---

1　伊凡斯（Richard J. Evans）著，古偉瀛校、潘振泰譯，《為史學辯護》（*In Defense of History*），台北，巨流，2002。

2　卡耳（E. H. Carr）著，王任光譯，《歷史論集》（*What is History?*），台北：幼獅，1968，頁31。此譯文中並無「他的」二字，事實上，其英文原文為："History is a continuous process between historian and **his** facts, an unending dialogue between past and present." In Carr, *What is History?*, New York: Vintage Book, 1961, p. 35.

要捕的是什麼魚了。」[3] 這流行了四十年歷久不衰的定義，雖然呈現出歷史有其主觀及相對的可能，但有學者像孟斯洛（Alun Munslow）及本書作者認為他事實上仍是一位經驗論者而相信只要認真研究，不蓄意欺騙，以證據加上使用社會變遷的理論模式進行分析，有可能獲致歷史的理解，找到歷史的意義；卡耳承認對話的必要，但不見得就一定會造成史家對真相的干預。詹京斯則根本不相信真相可以獲致，在目前的後現代情境中，人們已不能再問，什麼是歷史，而是問此歷史是為「誰」而寫；卡耳認為，史家是為證據服務，而不是證據為史家服務，但詹京斯卻以為史家總以某種立場在操弄過去。

　　在本書第一章結束時，詹京斯提出了對於後現代史學所下的定義：

　　　歷史是一種移動的、有問題的論述。表面上，它是關於世界的一個面相──過去。它是由一群具有當下心態[4]的工作者（在我們的文化中，絕大部分的這些工作者都受薪）所創造。他們在工作中採互

---

[3] 王任光譯，前揭書，頁 17。
[4] 原文為 present minded，原譯為「思想現代化」。

相可以辨認的方式——在認識論、方法論、意識形
態和實際操作上都有其一定的立場[5]。而他們的作
品，一旦流傳，便可能會遭致一連串的被使用和濫
用。這些使用和濫用在邏輯上是無窮的，但在實際
上通常與一系列任何時刻都存在的權力基礎相對
應，並且沿著一種從支配一切到無關緊要的光譜，
建構並散布各種歷史的意義。

值得注意的是此處譯文與中文初譯本略有不同。此段的
重點在於歷史不再有任何客觀的可靠的意涵在內，只是一種
「論述」（discourse），是「創造」（produced）出來的，而不
是我們慣常以為的「發現」（found）；不但在很多方面均可
看出其有一定的立場，而且與權力相對應。後現代歷史是
「關於」（about）「過去」而不是「屬於」（of）「過去」，其意
義及用途對於使用者而言，均有極大的彈性及無限的可能。

接著，我將按照順序將每一章中最重要的論點，以及為
我們這種文化背景下較不容易理解的地方進一步解說，使讀
者在閱讀譯文時，可以藉此導讀很快掌握其中的精義。

全書分為四部分，除了導論外，共有三章。導論中其實

5　原文為 positioned，原譯為「適得其所的方式」。

已經將全書的精華以很精簡的方式寫出。一開始強調「文史不分」，這裡提出一個較重要的概念就是「歷史」（history）是與「過去」（the past）不能再像一般人一樣混為一談，而是不同的。「歷史」是一種文學，是有關過去的文學書寫，是被「建構」（constructed）起來的，其意義不是被發現的，而是經由史家給予的。

　　史料本身並不會說話，過去的「世界」（world）與現今的「語言文字」（word）不能「相符」（correspondence）以達到真相。「過去」已一去不復返，吾人沒有任何方法去確實知道它，我們也無法設身處地的去「神入」（empathize）古人情境中，歷史學家極力透過史料而重建的，至多只能達到羅蘭‧巴特（Roland Barthes, 1915-1980）所說的「真實效應」（reality effect），亦即感覺上像真實的而已。所有的歷史都有一定的立場，都是在為某人而寫的。

　　第一章談到後現代史學的定義，首先指出「歷史」就是「歷史編纂學」（historiography），因為吾人所見到的歷史都是以歷史作品呈現的，吾人欲了解某一史事，也都向史著中探尋，真正的英國都鐸王朝已無法重現，只有從艾爾頓（G. R. Elton, 1921-1994）的作品中一窺其貌。然而歷史不只是只有一種面貌，有如從窗外看風景，可以有無數解讀，其景象可以不斷重構（remapping）。

　　「歷史」要與「過去」相對應有四大問題需要克服，亦即：認識論、方法學、意識形態及操作方式。由於史家對四大問題的選擇不同，因此有各種歷史的出現。在認識論上，作者指出與吾人擁有的「權力」息息相關，史家在認識論方面很難有共識，這是由於以下四個理由：

1. 內容太多；
2. 不能回頭，無法核實；
3. 此乃思維產物，史家雖有史料之限，但最終還是由史家思維結構決定；
4. 最後史家整合，加上自己的解釋。

　　在方法上，史學沒有固定方法，但許多人還在追求真相，嚴格的方法論規律和程序多少減少了解釋上的流動性。但詹京斯指出，問題在於各種方法中要使用哪一種，他列出了二十五種：黑格爾、馬克思、狄爾泰、韋伯、巴柏、漢波（Hempel）、阿宏（Aron）、柯靈烏（Collingwood）、椎埃（Dray）、奧凱夏（Oakshott）、丹托（Danto）、蓋里（Gallie）、華希（Walsh）、艾特京遜（Atkinson）、勒夫（Gallie）、赫克斯特（Hexter）、現代經驗論者、女權主義者、年鑑學派、新馬克思主義者、新文體批評家、計量經濟學

家、結構學派或超結構學派，或者甚至馬維克（Arthur Marwick）。詹京斯質問哪一種方法可以帶給吾人較真實的過去？

　　其實詹京斯此處所提到的，絕大多數都是世界有名的思想家的一種立場或觀點，而不是吾人所認知的史學方法；嚴格意義下的方法，只有計量經濟學家可以算一種。通常史家平時會盡可能地去了解各種立場及與其相關的史著，一旦遇到研究的題目，就可以依據平日累積的經驗來選擇哪一種理論及方法較適合手邊的問題，而且顯然不必太傷腦筋即可見到有些理論與方式是比其他更好的，例如有些經濟史料最宜用量化方法；而有些歷史人物研究比較適用心理史學。

　　作者指出歷史本身就是意識形態建構這一事實，意謂它經常遭到有權力者的操弄，當然，被支配的人也有想將其歷史成為正統的努力。在爭取正統地位時，只有權勢者，可以壓倒其他的聲音時，形成「共識」。

　　書中頗具爭議性的一段話是：「歸根究柢，歷史便是理論，理論是意識形態上的，而意識形態只不過是物質利益。」而其原文更具挑釁意味："In the end, history is theory and theory is ideological and ideology just is material interests."[6] 這

---

6　原書頁 23-24。

樣簡單的化約，把歷史與意識形態及物質利益劃上等號，作者一開頭就聲明，此乃一導論，同時也打算是一本想要引起爭論的書（polemics），用字比較辛辣，當然本身會遭到批評，因為既然都是意識形態，都為了物質利益，作者本身寫了這本書也無法自外於這樣的論斷。

此書有人稱讚是一本很好史學方法的書[7]，但真正嚴格意義下的方法敘述只有略為提到，並以下面短短幾行的說明最突出：

> 歷史學家在仔細研讀資料時，有各種常規和手續狹義說便是方法：查對它的來源、立場、真實性、可靠性……。這些常規將應用到他們所研究的所有資料上，雖然在研究時注意力的集中和嚴格的程度都不一樣（有許多逸失和錯誤的情形發生）。此處的一系列技術乃由繁複的一直到注意細節的。這些技術通常被稱為「史家的技藝」。現在我們可以了解這些技術本身只不過是在將歷史因素組合起來的過程中暫時存在（易言之，歷史不是「技藝」）。

---

7 原書首頁有 Kevin Harrison 的讚語：'An excellent introduction to historical method.'。

有了這些操作方法，史學家可以更正確的「草擬」
歷史——「製造歷史」。[8]

除了此段，作者在他處提到原手與二手資料界限不清，
以及他引用了海登‧懷特的一段話，不認為史學方法可以從
「做正當的歷史工作」（proper history）中得到：

> 所謂「做正當的歷史工作」，據神話式的說法，
> 即在設法解釋過去所發生的種種之時，要做到對於
> 一手資料中所呈現的和某些二手資料所脈絡化的事
> 件的精確重建，要做到盡量壓制解釋的衝動，要做
> 到在敘說中指出哪些地方只是陳述事實，哪些地方
> 是在解釋事實，這樣，一個人便自然而然的能學到
> 該做些什麼。

如此輕輕帶過任何嚴肅的史學家都會努力以赴的重要研
究的步驟及方法，當然令人感到很失望，也使人覺得詹京斯
由於自己不是真正歷史研究者，對於這一過程並不熟悉。做
過真正原手及二手史料的研究者都知道也會同意，史學方法

8　原書頁79。

是與所研究的領域密切相關的，愈深入就愈知其方法，絕不僅是上述懷特所講的而已。

學者指出，方法有兩種，一種是可以應用到各場合的，像是更換電插頭；另一種則像史學研究法，雖然有些辨偽的原理與論證的程序是普遍有效的，但一進入實際研究時，其具體方法是有其獨特性的，研究法國革命史的方法，無法用來研究清代的考據學；史學方法是累積的，而且與研究的內容是相輔相成的。[9]若我們愈熟悉該領域，愈知道要找哪些史料，尤其是原手史料；也愈確知使用何種史學方法最適合，而不是只有就現有的史料加以重建及努力壓制提出解釋的衝動而無所適從。

作者詹京斯由於沒有真正從事於一個歷史時期的研究，而只是在研究史學理論及方法，因而將火力集中在歷史解釋及賦予意義的部分。換言之，在意識形態較易發揮的地方，而且由於過去一去不復返、死無對證，他只咬定過去無法還原，而這個部分永遠有可以想像的空間，永遠無法證明他是錯的。

在給後現代史學下了一個明確的定義後，開始進入第二章。此章談論一些重要的概念名詞，以使讀者更易明瞭歷史

---

9　Ludmilla Jordanova, *History in Practice*, London: Arnold, 2000, pp. 172-77.

的性質。有關「真實」或「真相」（truth）的討論。當然作者認為絕無可能找到真相，但為何人們總要追求？這是因為西方的傳統，例如柏拉圖哲學、基督宗教的真理觀、理性、科學及日常生活方式等，在在使得求真似乎唾手可得。但事實不然。作者認為：在歷史之內，「真理」有檢查的作用，是「有用的虛構」。這些虛構藉權力而進入論述。真理防止失序。在功能上與實質的利害聯結在一起。

此處詹京斯引用了一位史家斯基德斯基（Robert Skidelsky）的主張：大多數的歷史事實都不會引起爭論，共有的價值觀念和看法支配了「我們」對於過去的大半解釋。雖然解釋不斷在進行，但卻發生於周邊，對共有的中心並不表懷疑。作者並不贊成，他以英、俄兩國為例，對於 1918-39 年的事件，前者的中心是後者的周圍，反之亦然，因而駁斥前述「共有的中心」的主張。

就這一點，詹京斯似乎還是在冷戰的思維下，但是若從亞洲的視野來看，吾人可以跳脫英、俄各自的論述，包容兩造的史實，仍會有一「共有的中心」，比以前英俄個別承認的來得大，而成為進一步解釋的共同基礎。

詹氏認為不可能毫無立場，也無法維持客觀，他以五段論「偏見」，而認為，經驗主義者認為客觀可以求得，反而最容易出現偏見的問題。

　　在論述「文字」與「世界」之間的斷裂時，作者同意文學和文化理論家史坦納（George Steiner）的說法，認為這種斷裂，是「西方歷史上極少數真正具有革命性的事件之一」。他更進一步舉例：「玫瑰」一字是既無枝幹樹葉也無刺。它既非粉紅色也非紅色或黃色。它不散發氣味。它的本身只是一個隨便的記號，一個空洞的記號。在其語音成分上、語源學歷史上和文法作用上，沒有任何一項對應在我們所以為和所想像的，一般習慣所代表的事物。[10]

　　詹氏這樣的論述若反思中國傳統，吾人可不易苟同。與中國文字很不同，中國文字在很多情況下，一見到就能與其所代表的內容可以相互聯結。例如馬、象、魚、日、月、山、川、水、雨等，當吾人一見這些字詞時，其指涉的實體性就很明顯了。因而「文字」與「世界」之間的斷裂之感受，不會如此深刻。也因此可見中國傳統史學與文字之間的關係密切而有其獨特之處，尚有待探索。

　　此章也處理「神入」（empathy）的問題，作者以為根本不可能，所進入的最多不過是歷史學家的內心而已。而有一些像是「因果關係」及「連續」與「斷裂」等對語，看來像是歷史學的核心觀念，但作者也以為不夠嚴謹，且無法加以

---

10 轉引自中譯本，頁 131。

確定，只有模仿其他史家對這些概念的處理而已。

　　在處理歷史是科學還是藝術時，作者認為由於馬克思堅持歷史的科學性。為了打擊它，資本主義陣營便刻意削減科學本身的價值，不過如此一來卻掘空了他們自己的科學基礎，歷史愈來愈被認為是一門「藝術」。可是，一旦他們被迫接受自己只不過是通過各種修辭上的設計、比喻等方式在整理過去時，歷史學家抗拒了，又投靠到「歷史畢竟是一門半科學」的主張了，其結果是，在「科學與藝術」之間的擺動，至今仍是主流歷史學內部問題的一部分。

　　上述這段話雖然寫得很生動，但將歷史是否是科學或藝術以這麼短的篇幅來處理無法說清楚。事實上，歷史追求類似科學的精確的渴望從古希臘的修昔迪底斯（Thucydides, c.455-400 BC）就開始了，經過馬克思之後，到了二十世紀中葉又再度復活。這是因為第二次世界大戰後美國做為大國，其經濟發展及科學之進步，隨之而出現的行為科學及量化技術的進步，使得又一批史家野心勃勃的想將歷史科學化、數據化。

　　此舉雖然不很成功，但歷史學之所以轉向藝術絕非可以單純的看成資本主義之想要打擊馬克思主義的結果。

　　第三章作者先談後現代主義的出現及特色，再討論在此情形下如何寫史。由於世俗化、民主化、電腦化和消費化的

壓力,地圖正被重畫,知識的本質正被重新描寫。詹京斯採用李歐塔(Jean-Francois Lyotard)的後現代主義的定義,其特徵在見證「許多中心的死亡」和正在展現「對後設敘述的懷疑」。在此處作者回溯歷史,從古代以神性及血統為地位標誌,經由貴族社會、布爾喬亞市民階級到工人階級;這最近的普羅大眾不像市民階級,主張廢棄財產,以自身為最大的本錢。不過蘇聯政權反而造成工人的失望與悲觀;西方則發生兩次大戰,最後資本主義以「現鈔交易關係」的市場條件來維持生機,而對此只能用強調相對主義和實用主義為代價去換取。它造就了一系列精打細算的做法。普羅工人階級不見了,只剩一些弱勢團體的組合。

吾人對於詹氏這種對於後現代情境的說法還可以再加以補充,除了資本主義發展到此地步的結果外,學者指出後現代思潮信仰乃國際危機的反應結果。後現代主義的興起乃「隨著蘇聯集團做為全球資本主義之替代選擇信用崩盤之後,而後現代主義的全盛時期又是在蘇聯最後瓦解、並隨著去中心的自由消費資本主義在全球的勝利才出現的。」[11]

詹京斯認為,在後現代情境中,各種學科努力反省重估

---

[11] Willie Thompson, *Postmodernism and History*, New York: Palgrave Macmillan, 2004, p. 125.

其立場的源頭，卻都得到同樣的結論：這些學科並沒有基礎
（foundation）的存在。懷疑主義在「西方傳統」中久已存
在，以往它們只間歇出現且居於邊緣地位，這一次卻大剌剌
的橫置在西方的文化中。

　　歷史成了可以任意重新予以描述的對象，任何事物都可
以看來好或不好，為人所喜或不為人所喜，有用或無用。目
前雖有各種解釋的存在，不是因為它們是真實的和在方法論
上正確的，而是因為它們向權力屈從，而這又是「權力／知
識」的一個例子。

　　作者又指出若由正面的觀點看時，這種解釋上的流動，
有可能賦予甚至最不重要者權力（empowerment）──即使
他們沒有權力製造其他民族的歷史，他們至少可以製造自己
的歷史。詹氏總括後現代史學的主要態度為以下數點：質疑
歷史學家真實的觀念，點出了事實的多變性真相，堅持歷史
家是由意識形態的立場描寫過去，強調歷史是一種文字論述
和任何其他論述一樣可以被解構，主張「過去」和小說家在
寫實故事中所隱喻的「真實世界」同樣是抽象的（notional）
概念──凡此種種都推翻了過去，打破了過去，而在打破的
裂縫中，新的歷史才能被寫成。

　　詹京斯在此書最後處理在後現代主義下史學工作者如何
自處。史學家可從事的工作是：第一件可稱為自省的研究

法，去審查就其方法和其內容來說，從前和當前的歷史是如何寫成的。其次是選擇一個適合這樣做的內容，亦即從事研究有助於了解我們當前世界的歷史，以及有助於產生它也由它產生的歷史形式。換言之，在後現代的世界，歷史的脈絡和內容，應該可以說是對於製造「後現代性」本身歷史的一大串在方法論上具自省性的研究。

詹氏在最後其實顯然並未具體告訴吾人後現代史學應該是什麼樣的面貌以及如何進行研究的。他除了要大家做一些反省性的對於當前的研究外，就是好像有點一廂情願式的喊口號來向大家催眠，要吾人相信後現代主義史學要比現在更民主，更開放，更重弱勢，更理想。

問題是，如何可以確保有這樣的結果？因為按照後現代主義的邏輯，什麼情況都可能，這當然也包括更糟糕及更不平等、更不民主的情況。

此書有趣的問題是在他的後現代史學的定義中承認史家採取「可以互相辨認的方式」來研究歷史，亦即承認，其實在史學研究上有某些方面是可以有共同的基礎的。歷史研究就是要尋求對過去認識的最大共同點。

在另一場合，他也強調史家對於過去的解釋雖然有很多可能，但也有固定的時候。不過他認為之所以能固定，是因為權力分配的關係。這未免有一點「權力過分決定論」的味

道。這種「泛權力化」，就是一種「泛政治化」，把人類的理性及意志力全然不放在眼內。我們現在看到那麼多為弱勢族群發聲的歷史著作，難道作者都是弱勢者？難道人類無法超越自己或時代的限制而為他人的利益代言？而他之反對主張「確定主義者」（certainist），但他的論證主張又是那麼斬釘截鐵，認為沒有真相，沒有對應，也沒有確定的連串史實，更不能神入。這不是有點自相矛盾嗎？

　　全書之所以成為經典，有趣的一點，可能是因為其書寫，條理分明，邏輯連貫。全書圍繞在一個中心思想，即「歷史的真相」。這些好像都不像是在後現代語境下所應該有的書寫方式，至少不像是作者呼籲的所謂後現代去中心的論述方式。

　　二十世紀中葉以後，我們見到了艾爾頓的歷史可以經由史料的發現與分析而重建的主張，但許多人認為卡耳的見解比較實際，因為卡耳認為史家雖然強調本身的角色及限度，但透過史家的努力以赴，透過理論的協助，還是認為史料的力量可以傳達某種真相；二十世紀末的詹京斯則完全否定，他認為真相不可達成，歷史沒有基礎，不應該有「終結性」（closure）的時候，而應該永遠開放，以達到真正的擺脫歷史的負擔而獲致根本的解放（emancipation）以及極端的民主（radical democracy）。

詹京斯繼《歷史的再思考》之後，出了續集，書名為《重構歷史——一門舊學科的新思維》（*Refiguring History: New Thoughts on an Old Discipline*, Routledge, 2003）。此新書只有短短七十四頁，除了導論外，分為三章，首章：「開放時間」（opening time[s]），他引用德希達（J. Derrida），認為主流史家之錯誤是在致力於客觀性、終結性及尋求真知識。詹氏強烈的主張，應該進行「激進的解讀及再解讀；對於過去的書寫與再書寫……而這是很棒的事。」（頁3）開放的狀況賦予極端的民主出現的機會。

次章「最後的秩序」（last order[s]），作者以為，要把故事講正確完全不可能。不過恰恰因為這些不可能及失敗，反而提供了在認識論上開放性、極端的他者性及新的想像性的可能，一個真正民主的過程。

末章題為「重新開始：論不服從的調性」（Beginning again: on disobedient dispositions），呼籲大家不服從（disobedience），根本就放棄寫歷史，因為歷史是壓制自由的，沒有歷史是很棒的事，如此極端的民主才有可能。

這樣激烈的主張卻是以快樂肯定的語調呈現，書中一再強調如此將歷史一筆勾消，終結歷史是一件很棒的事。詹京斯像一位天真的小孩，鼓吹拋棄歷史的包袱，好像相信喊喊口號願望就可實現。但是我們的懷疑是，就像對於此書一

樣，他的自信及主張，是否也不出於他所宣稱的，一切都是意識形態，都與物質利益有關？而且他要求一再的開放，一再的重構，一再的「歷史化」（historicize），在現實生活中，可以讓我們對許多過去的事物一直解讀再解讀，書寫再書寫下去嗎？這樣不是沒完沒了嗎？不對某些過去總結，恐怕很難心平氣和的過日子吧？

何況詹氏除了喊口號，宣示一些抽象的原則例如自省外，並沒有具體的要吾人如何進行研究及撰寫後現代歷史的方法，因為「歷史」這兩個字，在他心中已不代表任何意義，只是十九世紀資本主義對於過去的一種意識形態操弄下所發明出來的一種「學科」，具有迫害性、壓制性，因而應該揚棄，以得到真正的自由。

潮去潮來，歷史學應該會有再回歸的時候，人只要有意識，他就不可避免有時間的感受，這就是一切歷史學的來源，只是受到後現代史學的衝擊後，我們除了史料分析加上變遷理論以外，還得再有一些文學批評的幅度。雖然後學者認為史家不太注意個別的事實，但是在我們現在的歷史研究中，舉目望去，還有太多的地方要我們去尋求「曾經發生過什麼」，這仍是史學工作者主要的工作內容。

總之，不管你贊成還是反對後現代史學，一位以歷史為志業的人，都應該接受後現代主義的洗禮，使在工作中常有

後學家所提供的反思與批判，而這本書正是入門的一本很有意思的小書。

古偉瀛

加拿大英屬哥倫比亞大學（University of British Columbia）大學歷史學博士。現任國立台灣大學歷史學系教授。曾任台灣大學歷史系系主任、歷史研究所所長；美國密西根大學、德國馬堡大學、哈佛燕京學社、中央研究院台灣史研究所籌備處訪問學人，以及日本交流協會的歷史研究者、比利時魯汶大學南懷仁文化協會研究顧問，2000 年擔任比利時魯汶大學漢學系博士論文校外指導兼口試委員（co-promoter）。主要領域為中國及台灣近代天主教會史及史學理論與方法；近年專注的研究方向有二：一是有關史學理論及方法；一是有關台灣及中國天主教史的研究。著有《清廷的立憲運動──處理變局的最後抉擇》（台北：知音，1989）、《後現代與歷史學：中西比較》（與王晴佳合著，台北：巨流，2000）等書，並擔任多部著作之編譯、校訂及書評。

# 歷史的再思考

我以為，正如尼采當年清楚的看出那樣，每一門學問都是由它禁止它的從業人員所做的事情所構成。每一門學問都是由一組對思考和想像力的限制所構成。而沒有任何學問比專業性歷史編纂更為禁忌所包圍。以致所謂的歷史方法，不過是強制史家「正確的敘說」（完全沒有顧及「故事」和「事實」間的關係會是什麼），和不計一切代價防止使用過分確定的概念和過多的想像（也就是「熱中」）。

　　可是，為此付出的代價卻非常可觀，它造成了對概念性工具的壓制（沒有概念性的工具，微細的事實便不能凝聚為複雜的宏觀結構、在歷史敘述中形成推論性的說明），並將歷史寫作中的詩意因素，迫退到論述的內部（它在那兒，以不被人所承認之歷史敘述──因而也無法批評──的內容發生作用）。

　　那些在歷史和歷史哲學之間劃出一道清楚界線的歷史學家，他們未曾認識到在每一種歷史論述之中，都包含著雖不明言但卻充分發展的歷史哲學。……歷史與歷史哲學之間的主要區別，是後者將概念性工具的內容安排在文本表面的論述中；而歷史則是（如其所謂的）適當地將它深埋在敘述的內部，它在那兒成為隱匿或暗含的型塑動力……

──海登・懷特（Hayden White），

《論述的轉喻》（ *Tropics of Discourse* ），頁 126-27

# 詹京斯訪談錄

## 訪談者：孟斯洛（Alun Munslow）[1]

【孟斯洛】（以下簡稱「孟」）：我想先問你一個比較一般的問題；什麼動機促使你撰寫《歷史的再思考》一書？

【詹京斯】（以下簡稱「詹」）：原因很多，但我想最主要也最值得強調的原因，是我長期以來一直對理論很感興趣——這點至少對歷史學家來說是有點反常。1970年代我在諾丁漢大學（University of Nottingham）讀的是中古史與現代史，非常傳統的學位，但隨後我「轉」到政治系，寫了一篇關於政治理論的博士論文（討論尼采、佛洛伊德和索黑

---

1 英國史塔福郡大學（Staffordshire University）歷史與歷史理論教授，《歷史的再思考：理論與實踐學報》（*Rethinking History: The Theory and Practice*）主編。

[Georges Sorel]）。當時我原本打算教政治理論，但這門課的缺很少，於是我在 1978 年加入齊切斯特大學（University College Chichester）歷史系。起先我教過一系列歷史系的課程，然後在 1980 年代初，我開始擔任歷史科 PGCE 的教師[2]，這項教學經驗讓我有機會經年累月接觸來自英國各大學的研究生，由於這項課程是為了訓練中學歷史教師，因此我特別關注這群準教師究竟是如何思考他們即將教授的這門「科目」。而這些議題正好都是「理論性的」。比方說，何謂歷史？為什麼應該教歷史？什麼是歷史知識的認識論？種種等等。令我驚訝的是，除了極少數例外，這些學生對這類理論課題不只興趣缺缺，往往還帶有濃厚的敵意。儘管這門「學科」的知識論、方法論和道德問題依然謎團重重，但其中大多數人根本無意探究，他們顯然只想在這門學科裡取得好的學位（往往是更高的學位）：幹嘛一直去思考歷史，何不直接做歷史就好了！對我而言，這種不具反身思考的態度是無法接受的──我認為這是對「我們的」歷史學位的重大指控。於是，在我教授的課程中，我越來越常寫滿一黑板的

---

2 PGCE（Postgraduate Certificate in Education，教育研究所證書）課程是英國研究所資格的課程之一，供想成為小學或中學教師的大學畢業生修習。課程為期一年，內容結合理論和實務訓練。

內容來介紹歷史的理論化，這些內容大多是我當初從政治理論「挪」向「歷史理論」時所讀到的一些東西。在這方面有兩個人對我的影響最大，一個是我早年深感興趣的尼采——早在「後現代主義者」這個術語發明之前，他就是個道地的「後現代主義者」——另一個是我在 1980 年代初新發現的懷特。拜他二人之賜，我很容易就接納了所謂的「後主義」理論，這派理論在當時的文學和文化理論界相當通行，在哲學圈裡尤其普遍。我之所以會在整個 1980 年代陸續發表一系列文章，並在 1990-91 年寫出《歷史的再思考》，最直接的動因就是受到上述經驗的影響。我計畫寫一本簡短、便宜而且有趣的辯論書籍，刻意反對研究生絕對會在課程中——如果有這類課程的話——讀到的那類思考歷史的方式，也就是由卡耳（E. H. Carr）和艾爾頓（Geoffrey Elton，相對於當時正在發展中的一些爭議人物，像是巴特、傅柯、懷特，更別提德希達了，艾爾頓在 1960 年代引發的「爭議」已顯得陳舊過時）所主導的思考方式，以及由馬維克（Arthur Marwick）和塔希（John Tosh）等人所做的導論性概述。《歷史的再思考》一書讓我有機會把想法付諸實踐，以當時我認為「最好的」方式將歷史學理論化——這裡的歷史學指的是一種敘述性的散文式論述，其內容基於想像的部分不下於基於發現的部分，而其形式在懷特之後已禁不起質疑——在此

之前，很少有人以這種方式為歷史系的研究生介紹這類反對「歷史哲學」專家的言論，我想，這本書在當時以及後來之所以賣得不錯，應該歸功於這個構想深得研究生的喜愛。

【孟】這本書不管在銷售上，還是在將「後現代」概念引入這個直到今日依然相當保守的「學科」這件事情上，都獲得極大的成功，對於這點你感到驚訝嗎？

【詹】是也不是。我的意思是，就許多方面而言，我在《歷史的再思考》一書裡討論的那些事情，只有在歷史學內部才稱得上「激進」。我所討論的那些概念，在周邊的其他論述裡早已通行多時，像是藝術、文學、社會學和哲學。事實上，我的論述正是汲取自這些領域，因此這本會受到歡迎（以及諸如馬維克等人的猛烈攻擊）並不令人驚訝。不過，另一方面，我也知道「歷史這門學科」整體而言在智識上的倒退情況有多嚴重，也知道歷史界的學術研究反理論的程度有多強烈，所以我認為應該會有一小塊市場正等著某人去開闢……也有必要被開闢。在我看來，歷史學就像任何文化中的其他論述一般，都不是「自然生成的」，因此它是一種理論性的、純思辨性的實驗乃「毋庸置疑」。而且，單是為了能夠全心投入歷史生產的過程，學生們對於他們正在製造的

這項成品及其更廣泛的情況，就應該有所認識，做為一種概念，這似乎是「言之成理」。直到今天學生們對此仍應有所認識。

【孟】接續你這段話，我想問你，「歷史與理論」目前的關係如何？在過去這十年有長足的進展嗎？如果有的話，假使你現在重寫《歷史的再思考》，你會採取截然不同的方式嗎？

【詹】是的，情況當然有所進展。我想在 1990 年代初，我是個相當孤獨的發言人——肯定是個相當孤獨的推廣者。不過到了今天，討論歷史理論、歷史編纂學、歷史方法和知識論的精闢論述已快速倍增；到處都可看到一些傑出的文本。我想這是受到「後主義」衝擊的結果——後結構主義、後馬克思主義、後女性主義、後殖民主義……尤其是受到各種解構取向的影響，這類取向一直試圖把歷史研究（當然是指在大學裡教授的那類學院式的、職業性的研究）拉進二十世紀晚期。不過他們是否能把歷史學帶進二十一世紀仍有待觀察……

至於今天是否會以不同的方式重寫《歷史的再思考》這個問題，答案顯然是肯定的：歷史不會也不應自我重複！不過從另一方面來看，我認為這本書試圖提出的那些議題絕對

沒有過時，正因如此，我在這個新版本 [3] 中並未改動任何內容。我所採取的做法，如你所知，是撰寫一本新書，書名是《重構歷史——一門舊學科的新思維》(*Refiguring History: New Thoughts on an Old Discipline*，這本書將於 2002 年 8 月問世，略早於這個新版本)，我在書中試圖把我目前對某些事情的看法彙整起來。但是，在某種程度上，我是把這本新作視為《歷史的再思考》的補充而非替代：它們是同一項計畫的兩面，都是企圖以一種近似導論的形態以及希望是學生容易理解的程度來鼓勵他們對嚴肅的歷史工作進行理論反思。

【孟】最後一個問題跟你的風格有關。我知道，私底下你是個非常愉快風趣的人，你對新事物總是抱持某種「輕鬆」(lightness，以及可以想像的反諷) 加上大膽開放的態度……不過你的寫作風格卻嚴肅得令人難以置信，甚至可以稱得上慷慨激昂。而且，就某個程度來說，自從你在《歷史的再思考》裡對歷史學提出反思之後，你變得越來越急切，你不斷撰寫文章，不止質疑歷史的本質，還論及它的終結可能……「歷史的終結」。這種差異比較不像反諷，而像是某種弔詭甚或矛盾，我可以這樣說嗎？

【詹】我不認為這有什麼矛盾之處。我的意思是，沒

---

3 這裡指的是 2003 年修訂版的 Routledge Classics Edition。

錯，做為一個普通人，我想我的確是滿愉快風趣的，而且還極度樂觀，雖然表面上看起來好像不是這樣。如果你是個主流學院派的歷史學家，或假使你是個道地的激進歷史學家，那麼我對這門老論述所做的再思考／再塑造／解構／後現代化，似乎是滿毀滅性的。在某種程度上也的確如此。但就像我先前說過的，目前更緊急的事情——更生死攸關的事情——並不是想辦法把這行的既得利益者根據意識形態制定下來的行規延續下去，並確保其霸權地位，目前更重要的事情，是要有一種「歷史的認知」，認知到在一個「不再現代」的社會形構中，再也不需要這種霸權或任何形態的霸權。因此，以未來的解放（emancipation）和賦權（empowerment）之名，我對當前那些擺脫了學院流派（即使是最廣義的）限制的實驗性歷史書寫是抱持樂觀的態度——假使歷史本身還被認為是有需要的話。而且，我對於生活在一個「沒有歷史」的世界也是充滿樂觀的，假使歷史被認為是一種障礙物，會絆住我們，會讓我們想像不出在解放與賦權的世界中那類更重要也更有意義的事物。

　　因為我認為，將過去歷史化——這種具有時間跨度的特殊產品，本質上是十九世紀西歐和北美意識的產物——只是「思考過去」的一種方式，只是將「在此之前」熬過了時間蹂躪的極端差異加以馴服化和類似化的一種手段，雖然從意

識形態的角度來看是可以理解的。事來，事往。在我看來，
歷史，不論是其後設敘述（meta-narrative）形式（比方說某
種黑格爾化的馬克思主義；某種內在類型的產物）或其學院
專業形式，這兩種實驗想要建構的，如我所言，都是地表之
上的某件特定事物：將某件事物歷史化這件事，其中並沒有
任何歷史存在：沒有過去，沒有「在此之前」。因此，如我
所言，我很樂觀，不管是重新思考複數的歷史，它們曾經是
這場「現代實驗」的關鍵部分；或是透過另一種眼光，另一
種我希望是更具未來導向和解放性的推論方式，來思考那類
前瞻性的思維：也許是一種目前幾乎無法想像的後現代（和
後後現代）論述。（譯者：吳莉君）

2002 年 6 月

引言

　　本書主要是為了那些從事研究「歷史是什麼？」這個問題的人而寫。它一方面是導論性的（照字面解，是指本書中有一些前所未見的論點），另一方面是爭論性的。在以下幾章中，我談到自己對歷史是什麼的特殊看法。我不是說你應該接受它。更確切的說，你可能會批評它。自始至終，我的目的是在協助你採取你自己對歷史自覺（反省）性的立場，控制你自己的論述[1]。

　　照我看來，一本導論性的書和一場爭論，在目前似乎都

---

1　我在本書各處使用「論述」（discourse）一辭（例如：「控制你自己的論述」、「歷史的論述」），用該辭將人們對歷史的想法和「利害與權力」聯繫在一起。比方說，「控制你自己的論述」意謂你有權力決定你想要的歷史是什麼，而非接受別人說它是什麼，因此這個權力是授予給你，而非別人。類似的，「歷史的論述」一辭，意指不視歷史為一個主題或一門學問（學究派的用字）──也就是你只是學到某些自然而明顯存在那兒的事物，而你天真、客觀且沒有偏見的予以回應──而是視歷史為一個「力場」，一系列由利害群體和為利害群體組織的方式。這些方式永遠來自某些地方和為某些目的而來，想引導你和它們一致。這個領域是一個「力場」，因為在其間所有的方向都需要爭論（都需要爭取）。這個領域以各種不同的方式和程度──反映那些推動者的力量的方式和程度──容納、排斥、著重和蔑視對過去的種種看法。因而，「論述」一辭的使用，表示我們知道歷史從來就不是它的本身，談歷史和解釋歷史的人（明確敘述、表達和論述歷史的人）自來都不是不具成見的，歷史永遠是為了某個人。本書所根據的假設，是了解這一點將可賦予了解者力量，而這對他（她）來說總是好的。（請注意：這些辭彙的用法，和懷特在他《論述的轉喻》中所討論的不一樣；請參看懷特，《論述的轉喻》[Tropics of Discourse, London: Johns Hopkins University Press, 1978] 和其精采的「引言」。）

是必要的。因為，雖然書市上已經有一些導論性的作品，如
一般初學所用的：卡耳的《歷史論集》，艾爾頓的《做歷史
工作》和馬維克的《歷史的性質》[2]，雖然這些書也出過修訂
版，可是它們仍然帶有其形成年代（五〇和六〇年代）的本
色，以致到今天事實上已成為一直為人們所喜愛閱讀之書。
就某種意義來說，它們（以及像塔希的《歷史的研究》[3]這類
較晚近出來的書）都是十分「英國式」的書。這個特色，不
幸使歷史多少孤立於某些最近在相關論述中發生的思想發展
之外。比如說。哲學和文學都已開始認真地探討其本身性質
的性質問題[4]。

　　因而，我們很可以說，相對於這些鄰近的論述而言，歷
史在理論上是落伍的。不過為了避免任何誤解，我們或許應

---

[2] E. H. Carr, *What Is History?*, London: Penguin, 1963; G. Elton, *The Practice of History*, London: Fontana, 1969; A. Marwick, *The Nature of History*, London: Macmillan, 1970.

[3] J. Tosh, *The Pursuit of History*, London: Longman, 1984.

[4] 例如，羅逖，《哲學和自然之鏡》（R. Rorty, *Philosophy and the Mirror of Nature*, Oxford: Blackwell, 1980）；羅逖，《偶然·反諷與團結》（*Contingency, Irony and Solidarity*, Cambridge: Cambridge University Press, 1989）；伊戈頓，《文學理論》（T. Eagleton, *Literary Theory*, Oxford: Blackwell, 1983）；佛羅，《馬克思主義和文學歷史》（J. Frow, *Marxism and Literary History*, Cambridge MA: Harvard University Press, 1986）；布隆維奇，《繼承的選擇》（D. Bromwich, *A Choice of Inheritance*, Cambridge MA: Harvard University Press, 1989）。

該馬上予以說明。

　　如果你走進一家賣學術性書籍的書店，瀏覽放哲學書籍的書架，會看到許許多多談論在「哲學上」可知道可做到的事物的基礎和極限問題的書籍：關於本體論、認識論，和方法論的書籍；關於懷疑論、語言和意義、分析類型的書籍——理想主義的、物質主義的、寫實主義的、現象學的——種種等等。如果你接著走到放文學書籍的書架前，你會發現其中有一部分是專放文學理論，除此之外，有一部分是專放文學批評。在此，有談馬克思主義和女性主義的書；談佛洛伊德和後佛洛伊德分析的書；談解構主義（deconstructionism）、批評理論、接受理論和互文性（Intertextuality）的書；談詩學、敘述學、修辭學寓言等的書。而後，再走到歷史那一帶。那一帶幾乎一定不會有專放歷史理論書籍的專架（甚至「歷史理論」一辭看上去也顯得古怪笨拙——看上去令人感到陌生），只有小心藏在密集排列的歷史書後面如前述艾爾頓等人的著作。如果你運氣好，或許會發現零星的一本（現已馴化了的）＊吉爾或布洛克或柯靈烏的著作。而如果你運氣更好，則你會發現「最近的」懷特或傅柯的著作5。易言之，跨過幾呎的地板，你基本上跨過了一個世代的間隙。從

---

＊ 校按（盧建榮，以下簡稱盧）：亦即不再令人有新鮮感、挑戰性的。

理論上豐富且晚近的著作，到二十、三十年前出版的談歷史
性質的書籍——若以布洛克和他同時代的人為例，更是三〇
年代和四〇年代的作品。

　　顯然，這並不表示非常詭辯和較為晚近的、有關歷史和
「歷史理論」的書籍論文不存在（我們有考林尼可斯
[Callinicos] 和奧凱夏 [Oakeshott] 的著作、各種後現代主義的
著作，以及在思想史和文化史方面的各種發展 6），這也不意
味著這種對於歷史理論的缺乏關注及其所造成的後果沒有經

---

5　吉爾，《與歷史學家辯論》（P. Geyl, *Debates with Historians*, London:
　　Fontana, 1962）；布洛克，《史家的技藝》（M. Bloch, *The Historian's Craft*,
　　Manchester: Manchester University Press, 1954）；柯靈烏，《歷史的理
　　念》（R. Collingwood, *The Idea of History*, Oxford: Oxford University Press,
　　1946）；懷特，《形式的內容》（H. White, *The Content of the Form*, London:
　　Johns Hopkins University Press, 1987）；傅柯，《權力／知識》（M. Foucault,
　　*Power / Knowledge*, New York: Pantheon, 1980）。

6　考林尼可斯，《製造歷史》（A. Callinicos, *Making History*, New York: Cornell
　　University Press, 1988）；奧凱夏，《論歷史》（M. Oakeshott, *On History*,
　　Oxford: Blackwell, 1983）；恰提爾，《文化歷史》（R. Chartier, *Cultural History*,
　　Oxford: Polity, 1988）；荷瑞更，《西方論述中的自然和文化》（S. Horigan,
　　*Nature and Culture in Western Discourses*, London: Routledge, 1989）；沃爾
　　夫，《歐洲與沒有歷史的人》（E. Wolf, *Europe and the People Without History*,
　　London: University of California Press, 1982）；柏曼，《所有實體的均化為烏
　　有》（M. Berman, *All That Is Solid Melts into Air*, London: Verso, 1983）；哈珊，
　　〈後現代主義的文化〉，收入《理論、文化和社會》（I. Hassan, 'The Culture of
　　Post-Modernism', *Theory, Culture and Society*, 2, 3, 1985），頁 119-32。

常受到注意。很久以前，斯泰德門瓊斯便曾指出英國經驗主
義的困窮。比較晚近，薩姆耳也曾經評論許多歷史著作的落
伍——其對文件的盲目崇拜，其對「事實」的著魔，以及其
伴隨的「質樸尚實主義」（naive realism）方法論。坎納丁的
論文嚴苛批評大半主流歷史學的枯燥無味，並經常為專業史
家所引用。而派克以 1850 年後主要代表人物為例，所做的
「英國傳統」史學寫作特色的研究，則探究了那種根深柢固
的個人主義風格，以及大致上無法反映出本身意識形態的方
法論 7。可是像這樣的發展和分析，並沒有產生較為通俗化的
探討歷史本質問題的導論性書籍。理論上的討論仍然不是非
常現實的歷史學家所樂為的，而少數討論歷史理論的書籍論
文，也不像討論文學理論的書籍論文那般，對於本行的研究
能有相當大的左右力量。

---

7 斯泰德門瓊斯，〈經驗主義的困窮〉，收入布來克本編，《社會科學中的意識形
態》（Gareth Stedman-Jones, 'The Poverty of Empiricism', in R. Blackburn
ed., *Ideology in Social Science*, London: Fontana, 1972）；薩姆耳，〈巨型
敘事〉，收入《歷史學術研討會學報》（Raphael Samuel, 'Grand Narratives',
*History Workshop Journal*, 29, 1990）；坎納丁，〈英國史：過去、現在——
和未來？〉，收入《過去和現在》（David Cannadine, 'British History: Past,
Present—and Future?', *Past and Present*, 116, 1987）；派克，《1850 年後的
英國歷史傳統》（Christopher Parker, *The English Historical Traditoin Since
1850*, Edinburgh: Donald, 1990）。

　　然而，如果歷史要「現代化」*，這便是它應當依循的途徑。因之，我將在此引進類似哲學和文學理論的相關領域。因為，如果「做歷史工作」是指你如何去解讀和解釋過去及現代，那麼，我認為使用那些關注到「解讀」和「解釋意義」的論述，是相當重要的[8]。

　　本書的結構是怎麼樣的？本書有三章，每章都故意寫得短[9]。第一章中，我直接談到歷史是什麼的問題以及如何解答歷史問題而不致重複「比較英國式」的辦法，不致視這些支配性（常識）論述為理所當然，而且使大家有比較寬廣的視

---

* 校按（盧）：亦即重視當今的新理論。

8　這並不是說我們對於歷史可能屈從於文學帝國主義的危險不需提高警覺。班奈特便說：「將『過去』視為可以不斷修訂的文學創作的概念，是將文學本身的目的和程序轉移到『過去』。這是一種對『過去』的字面解釋，我們必須視它為想要將文學自身真實體系的影響力，延伸到歷史真實體系的一種企圖。」（班奈特，《文學以外》[ T. Bennett, *Outside Literature*, London: Routledge, 1990, p. 280 ]）因此，視需要而自覺地探查文學的程序，更符合我的論點。

9　我之所以把本書中的各章寫得簡短，有好幾個原因。主要的原因，是本書導論性和爭論的性質。也就是說：我不曾致力於全面性的敘述以便於仔細研究（例如馬維克，《歷史的性質》）。相反的，我寫得簡短，以便一、兩次便可以讀完，一回便可以記住。我也應該說明：我只是想努力把這本書寫得很基本、「教導式的」。我明白它將複雜的方面簡化了——如後現代主義的歷史——但是我的目的是簡短的陳述議論，而在註釋中指明讀者可以參考哪些比較複雜和學術性的論述。易言之，我一面有意的將這本書援引的大多數書籍摒除在本書之外，一方面又勸讀者進一步讀某些書籍。

野。（請記住：所謂「歷史」[history]，事實上是「複數的歷史」[histories]。因為，在目前這個時候，我們不應再以為歷史是一件簡單而明顯的事，而要認識事實上有各種各樣的歷史，其唯一共同的特色，是它們顯然以研究「過去」為目的。）

在第二章中，我將這個「答案」應用到在某些關於歷史性質的初步辯論中，往往會浮現的論題和問題上。雖然經常有人提出這些論題和問題，但很少人能予以解答或把它們放在正確的脈絡中，因此使問題的答案顯得可望而不可及或神祕化。這些問題包括：可不可能說過去真正發生了什麼事？可不可能探求到真實？可不可能得到客觀性的了解？而如果不可能，歷史是根深柢固地具有解釋性嗎？「歷史事實」是什麼（真有這樣的事嗎）？什麼是偏見？說歷史學家應該發現這些偏見而予以拔除是什麼意思？可能神入*古人的想法嗎？可不可能有科學的歷史，或者歷史在本質上是一種藝術？關於歷史是什麼，常常出現一些對語（couplet）的說法，如因和果、類似和差異、持續和變遷等，它們的角色又

---

* 譯按：十九世紀德國歷史哲學大師赫德（Herder）提出移情（empathy）在史學理論上的重要性，從此變成西方史學傳統，歷來史家為此聚訟紛紜。但在本書中，我試將 empathy 一詞譯成「神入」，意在扣緊以下含意：同情地了解古人作為，或設身處地想像古人作為。

是什麼？

在第三章中，藉由將這些觀點與我工作的出發點相銜接，藉由將其插入本書知識的脈絡中，我將它們結合在一起。我已經說過，本書的目的在於協助解決某些環繞「歷史是什麼」問題的爭論。因而，為了達到這個目的，我覺得應該說明我為何給歷史下我的定義，說明我在我所談到的論述中的立場，並討論其種種可能性。我得趕快說明，我這樣做並不是因為我的構想必然很重要，而是因為，這些構想不是存在於真空之中*，換言之，這個產生我，也可以說「寫了我」的時代，也將繼續下去寫「你」。我將這樣的時代稱為後現代，因而以簡短的、以「在後現代世界做歷史」為題的一章做為本書的結束——我們可以說自己是生活在後現代的世界。

---

* 校按（古偉瀛，以下簡稱古）：而是有其產生的基礎。

## 第一章　歷史是什麼

在本章中，我設法解答「歷史是什麼？」這個問題。為此，我將先探討在理論上歷史是什麼；其次再探討在實踐上它是什麼；而後合併理論和實踐做出一個定義。我希望這個根據方法論表達出來的、具有懷疑和諷刺意味的定義，相當容易了解，使讀者不但可以恰當地把握住這個「歷史問題」，也可以把握住圍繞它而產生的各種辯論和立場。

## 在理論上

在理論的層次，我想提出兩個論點。第一點是歷史是關於世界的論述系列之一。我在本段中將概述這一點，而後予以闡述。這些論述並沒有創造這個世界（也就是我們顯然生活在其上的物體），但是卻將它據為己有，並賦予它一切的意義。歷史旨在查究的那一點世界，是「過去」。因此，做為論述的歷史與其論述的對象並不屬於同一範疇，也就是說「過去」和「歷史」是不同的事。再者，「過去」和「歷史」彼此之間的綴連程度，並沒有大到只能有一種對「過去」的解讀是絕對必然的。「過去」和「歷史」彼此自由傳播，它們相隔極大的時空距離。同一研究的對象，可以因不同的論述辦法而有不同的解讀（一個景物可以由地理學家、社會學家、歷史學家、藝術家、經濟學家等，做出不同的解讀），

而每一種對象，因不同的時間和空間也有不同的解讀。就「歷史」來說，歷史編纂法*便可以說明這一點。

　　以上所言，並不太容易了解。我做了不少陳述，但事實上它們都環繞著「過去」和「歷史」的區別這一點。因而，讀者非得了解這個區別不可。因為如果能了解這點，那麼它和它所引起的各種辯論，將有助於解釋歷史在理論上是什麼。因此，我將仔細檢視兩者的差異，並且思考由此而產生的某些主要後果，以便複查我剛才提出的論點。

　　讓我由「歷史乃論述過去，但絕不等於過去」的這個想法談起。這個想法可能會令讀者感到非常奇特，因為從前你可能不曾注意這種區別，即或曾注意到，可能還為此感到困惑。一般人之所以不在這個區別上做研究，原因之一，是我們這些使用英語的人，往往忽視了「歷史」——對於「過去」的書寫／記錄——和「過去」本身，事實上是不同的，因為「歷史」這個字涵蓋了兩者[1]。因而，我們最好記住這個差異——用「過去」一辭表示各處從前發生過的事，而用「歷史編纂」（historiography）一辭代表「歷史」。此處的「歷

---

* 校按（盧）：亦即以往歷史著作所呈現的。
[1] 斯特洛克，《結構主義》（J. Sturrock, *Structuralism*, London: Paladin, 1986），頁 56。

史編纂」係指歷史學家的著作。這個辦法不錯：以「過去」為歷史學家處理的目標，而以「歷史編纂」為歷史學家照料它的方法，並且用「歷史」（此處指 H 大寫的歷史）一辭，去指關係的總體。然而，習慣不容易破除，我自己也可能用「歷史」一辭去指過去，指歷史編纂和指關係的全體。但是請記住，每當我在這樣做時，我心中還是牢記著上述的區別——你也該這樣。

　　然而，這個對「過去」和「歷史」之間的區別的說明，也很可能看起來是不怎麼重要的。我們會想：分不清楚兩者間的差別又怎麼樣？又有什麼關係？讓我舉三個實例，說明為什麼辨明「過去」和「歷史」之間的區別是重要的。

1. 過去已經發生。它已逝去，只能由歷史學家藉非常不一樣的媒體（如書籍、論文、紀錄影片等）喚回，而非藉由實際的事件。過去已逝，歷史是歷史學家在工作中對它的解釋。歷史是歷史學家（或其他像歷史學家的人）的工作。當他們會面時，彼此互相詢問的第一個問題往往是：你在做什麼題目？當你在「做」歷史時（「我正要去大學讀歷史」），你所讀的是收入在書籍、期刊等之內的這份工作。這表示歷史簡直就是存在於圖書館和書架上的。因此，如果你開始上一門關於十七世紀西班

牙的課程，你不是真正到十七世紀或西班牙，而是拿著
書單去圖書館。那裡才是十七世紀西班牙的所在──在
杜威（Dewey）的圖書分類法號碼之間──因為，教師
還曾叫你到別的地方去「讀它嗎」？當然，你可以去其
他能夠找到遺跡的地方，比方說西班牙的檔案保存處。
但是不論你去哪裡，當你到達以後，你還是得「閱
讀」。這種閱讀不是自然的而是學得的（例如由各種功
課上），和由其他文本賦予充分意義的。歷史（歷史編
纂）是一種存在於文字間的、語言學上的構造。

2. 假設你是在高等中學研究英國的過去──十六世紀的過
   去。讓我們想像你用的主要教科書是艾爾頓所著的：《都
   鐸王朝治下的英國》（*England under the Tudors*）。在課堂
   上，你對十六世紀英國的各層面進行了討論，也記了筆
   記，但是你在寫論文和做大半的校訂工作時，習慣用的
   是艾爾頓的這本書。考試的時候，你是在艾爾頓的「護
   駕」之下作答。當你通過考試以後，你對於英國歷史的
   知識有了高等程度\*的資格──對思考「過去」的一項資

---

\* 編按：高等程度（A-level）在英國係指通過中學生高級考試鑑定者被認可的學
　習程度。英國全國考試制度規定，中學生年滿十六歲可參加普通考試，及格者
　可在兩年後參加高等考試，其難度大約與美國大學二年級的水平相仿。

格。但事實上，更正確的說法是你對艾爾頓有了高等程度的知識。因為在這一階段上，你對於英國過去的「解讀」，如果基本上不是艾爾頓的解讀，還能是什麼？

3. 這兩個「過去」和「歷史」區別的例子看上去似乎是良性的，但是實際上卻可以造成巨大的影響。例如說，雖然曾有千百萬的婦女生活在過去（在希臘、羅馬、中世紀、非洲、美洲……），但其中卻只有極少數出現在歷史上，也就是歷史文本上。套句俗話便是，婦女「給藏起來不讓進歷史」，也就是有系統的被排除於大多數歷史學家的記述之外。因此，女權主義者現在從事「將婦女寫回歷史」的工作，而男性和女性雙方現在也都正注視著關聯緊密的對於「男子氣概」的建構[*2]。在此，你或可停下來想想：有多少其他群體和階級，過去曾經、現在仍是被歷史書所省略，其原因何在。而如果這些被省略的「群體」對於歷史記述非常重要，卻受到如此的忽略，其後果又將如何？

---

[*] 校按（盧）：意指現代男女均對性別議題相當敏感。

[2] 比方說，見《歷史與性別》學報（History and Gender, Blackwell, 1989 年創刊）；席德勒，《重新發現男子氣概》（V. Seidler, Rediscovering Masculinity, London: Routledge, 1989）；修華特，《論及性別》（E. Showalter, Speaking of Gender, London: Routledge, 1989）。

接下去我們還會再談到研究「過去」與「歷史」區別的重要性和各種可能性。但是，現在我想引申前面一段文字中的另一議論。在前文中，我說我們必須了解「過去」和「歷史」並非彼此緊密縫合在一起，以致只需要對於任何現象做一種且唯一的解讀。同一研究的對象可以因不同論述的方式而有不同的解讀，而每一種對象，在不同的時間和空間也有不同的解讀。

為了開始舉例說明這個論點，讓我們試著想像透過一扇窗戶我們所能看到的景致（雖然無法看到全景，因為窗框幾乎真的將它框住了）。我們可以在最近的前方看到好幾條道路；再遠一點有另外幾條道路，路旁有房子；我們可以看見起伏的農田，農舍點綴其間；幾哩以外，我們可以看到天際邊的山脊。在中距離的地方，我們可以看到一個市集城鎮，碧空如洗。

在這個景致中，沒有什麼可說是「地理」。可是一位地理學家顯然可以從地理學的觀點說明它。因此，他（她）可以解讀這片大地是在展示特殊的農田模式和農作方法。這些道路可以解讀為地方性和區域性交通網絡的一部分；可以用特殊人口分布解讀農場和市鎮；可根據等高線地圖製成地形圖；氣候地理學家可以解釋天氣和氣候，以及比如說其所造成的灌溉類型。就這樣，這個景致可以變成別

的東西——地理學。類似的，社會學家也可以給這同樣的景致賦予社會學上的解釋。市鎮中的居民可以成為研究職業結構和家庭單位大小的資料；可以由階級、收入、年齡和性別的觀點研究人口的分布；氣候可以視做影響休閒設施的因素，種種等等。

歷史學家也可以論述同樣的景致。今日的農田模式可以拿來和圈地以前的模式相比；現在的人口可以拿來和 1831 年及 1871 年的人口相比；可以分析一段長時間中的土地所有權和政治力量。我們可以檢討這個景致中的某一點如何逐漸變成一座國家公園；某些鐵路和運河又在何時及何種情況下停止作用，種種等等。

由於這個景觀中沒有什麼固有的東西大聲嚷叫自己是地理學、社會學、歷史學等等，那麼我們可以清楚了解：雖然歷史學家、地理學家和社會學家等並沒有發明這個景致（所有那些東西似乎確在那兒），他們卻發明了各種針對它的描述類別，以及它被認為具有的各種意義。他們製造了分析和方法論上的工具，由這個原料中找出他們解讀和談論它的方式：即論述。在這個意義上，我們把世界當做文本來解讀，而就邏輯上來說，這樣的解讀是無窮的。我這樣說並不表示我們只是在杜撰關於世界／過去的故事（我們知道世界／過去是什麼，而後杜撰關於它們的故

事），相反的，其所指的意涵遠更強烈，亦即：世界／過去總是以故事的形態來到我們跟前，我們無法走出這些故事（敘述）去查看它們是不是能夠對應真正的世界／過去，因為這些「總是現成」（always already）的敘述組成了「真實」。這表示，在我們上述所討論的例子中，景致（只有在解讀時才具意義）無法固定於僅此一次的解讀。因此，地理學家們可以無休無止的解釋和再解釋（解讀和再解讀）這個景致，且用的是所謂「地理學角度」。此外，由於論述性的地理學並不永遠存在，那麼，不僅地理學家的解讀必須有個開始、不僅它們在一段時空以後會有差別，而且地理學家本人對於是什麼構成他們工作上的論述，也有不同的了解和解讀。也就是說，地理學的本身，其做為解讀世界的一個方法，需要不斷地解釋／不斷地歷史化（historicising, 亦即置入其原來的時空脈絡中），通過論述而對同一個現象有不同的解釋。這些論述永遠在進行，永遠在分解和重組，永遠是已定位或正在定位，因而，它們需要由那些使用它們的人不斷地予以自我檢查。

在此，讓我們假定已經簡要陳述了「論述性歷史絕對和過去有別」的議論。然而在本節開始的時候，我說過在「歷史是什麼？」的理論層次上我將證明兩個論點。下面便是第二點的討論。

　　由於「過去」和「歷史」有這樣的區別，有些想要將過去捕捉進他（她）的歷史裡的歷史學家，其問題因此便成為：如何將這兩件事合而為一？顯然，如何設法將它們連結在一起——歷史學家如何嘗試知道過去——在決定歷史是什麼和可以是什麼的可能性上，是非常重要的，尤其是因為：是歷史聲稱自己是知識（而非信仰或主張），才使它成為它現在的那種論述（我的意思是說，歷史學家通常不自以為是小說家，雖然他們無意中也可能是）[3]。可是，由於過去—歷史的差異，也由於歷史學家研究的對象，就其大多數的情況而言，在過去留下的僅有遺跡中是不存在的，因此顯然有各種各樣的限制，支配了歷史學家所能堅持歷史是知識的說法。對我來說，在這種過去—歷史的接合中，有三個非常成問題的理論領域：認識論的領域、方法論的領域和意識形態的領域。如果我們要知道歷史是什麼，則我們必須對每個領域都加以檢討。

　　認識論（epistemology）乃出自希臘文中的知識（episteme）

---

3 關於歷史和小說的關係，參見懷特，《形式的內容》；赫奇昂，《後現代主義的詩論》（L. Hutcheon, *A Poetics of Post-Modernism*, London: Routledge, 1988）；班奈特，《文學之外》；德士康堡，《法國現代哲學》（V. Descombes, *Modern French Philosophy*, Cambridge: Cambridge University Press, 1980），尤其是第四章；懷特，《論述的轉喻》，尤其是第五章。

一字。它是指知識的各種理論的哲學領域。是關於我們如何認知事物的領域。就這一點來說，歷史是另一種論述——哲學——的一部分，在歷史自己的知識領域——過去——中，哲學也參與了「可以知道些什麼」這個一般性的問題。在此，我們已可看到問題的所在：要想認識現存的事物已經很不容易了，而要談論一個像「歷史上的過去」這樣一個事實上不存在的對象尤其困難。因此，顯然所有這類的知識都像是假設性的。編寫歷史的人，在工作的時候受到各種臆測和壓力的影響，而這些臆測和壓力，當然不會對過去的人產生作用。可是，我們仍然看到歷史學家設法在我們面前建立真實過去的幽靈——一個客觀的過去——強調他們的敘述是正確的、甚至是真實的。我想在我們目前的情勢之下，這一點應該是很清楚的，在第三章中，我將再加以引申，然而，要接受這一點，要讓懷疑主導，則顯然將影響到你對歷史是什麼的看法，也就是說，它部分解答了歷史是什麼和可能是什麼的問題。視歷史在邏輯上是你希望它是什麼便是什麼（事實與價值間的差別使它成為可能；此外，歷史家自來又為數龐大）＊，將引發

---

＊ 校按（盧）：事實與價值不同使歷史著作可以有各種面貌；而歷史家愈多，產生著作的變異性也愈大。

一個問題：即某些特殊的歷史是怎麼被塑成這個形狀而非另一個形狀，不但是在認識論上、也在方法論上和意識形態上？在此，我們所能知道的東西和我們如何知道的方法，是與權力互相影響的。可是在某種意義上（而這一點必須加以強調），這只是因為歷史在認識論方面的脆弱。因為，如果可以斬釘截鐵的一舉而得到永恆的知識，那麼，將來便不需要寫更多的歷史。因為，無數的歷史學家一遍一遍地述說同樣的歷史有什麼意思？歷史（歷史的建構而非「過去／未來」）將會停止，而如果你以為將歷史（或歷史學家）喊停（stopping）是一個荒唐的想法，其實不然。比方說，將歷史喊停，不僅是歐威爾（George Orwell）的著作《一九八四》的一部分，也是 1930 年代歐洲經驗的一部分——1930 年代正是歐威爾據以思考的當下時空背景。

　　認識論上的脆弱，使歷史學家的解讀五花八門（一個過去—許多歷史）。是什麼使歷史在認識論上這麼脆弱？基本的原因有四個：

　　首先（下面我援引羅文陶在他所著《過去是一個外國》[4]中的議論），沒有任何歷史學家可以涵蓋並因而尋回過去的

---

4 D. Lowenthal, *The Past is a Foreign Country*, Cambridge: Cambridge University Press, 1985. 尤其是第五章。

所有事實，因為其「內容」幾乎是沒有限量的。一個人所能
記述的事件，只佔曾經發生的極小部分；而自來便沒有任何
歷史學家的記載，能與過去確切的對應。單是過去的龐大，
便使得全面的和完整的歷史成為不可能。關於過去的資料，
多半是從未被記錄的，而留下的紀錄，又大多是暫時性的。

　　其次，沒有任何記述可以尋回過去真實的情形，因為過
去不是一種記述，而是事件、情勢等等。由於過去已經一去
不返，沒有任何敘述可以向過去本身查證，而只能向其他的
敘述查證。我們根據其他歷史學家的解釋來判斷歷史學家敘
述的「正確性」，而根本上，並沒有真實的敘述，沒有正確
的歷史，可以讓我們以它為標準查對所有其他的記述是否正
確。世界上沒有任何基本上正確的「原本」，使得其他的解
釋成為它的變異（variations）。它們都是變異。關於這一
點，文化批評家介爾斯（Steven Giles）的評論很簡明。他
說：我們對於過去的了解，「永遠」是通過以往各種解釋的
一層層沉澱物，以及通過以往／當前論述所發展出來的解讀
習慣和類別，而達成的 5。這個見解又讓我們得知：這種看待

---

5　介爾斯，〈對照解釋〉，收入《英國審美學學報》（S. Giles, 'Against Interpretation',
　　*The British Journal of Aesthetics*, 28,1,1988）。奧凱夏在《論歷史》中，由於非常
　　不同的原因，也提出類似的意見。對於奧凱夏來說，所謂歷史上所了解的過去，
　　「是某種批評性探究的結論。它只能在歷史書中找到。在歷史性的探究中，過去

事物的辦法，使得歷史（過去）的研究必然是對歷史編纂
（歷史學家）的研究。因而，歷史編纂對歷史研究來說，不
應被視為是額外的，而是事實上構成它的。這一點我在第二
章中將回過頭來再談，現在讓我們討論第三點。

　　亦即：不論歷史的可驗證性多高，可接受性或可核對
性多廣泛，它仍然不免是個人的思維產物，是歷史學家做
為一個「敘述者」觀點的表示。和直接的記憶（其本身也
很可疑）不一樣，歷史有賴於別人的眼睛和聲音。我們透
過一個講解的人看事物；這個講解的人便站在過去的事件
和我們對它們的解讀之間。當然，正如羅文陶所云，由於
允許讀者取得史家的資料來源，因而文字歷史「在實際上」
遂削弱了歷史家任意下筆的邏輯上的自由。但是，歷史學
家的觀點和偏好，仍然決定了其對歷史資料的取擇，而我
們個人的思維結構則決定我們對這些歷史的了解。我們所
「知道」的過去，有賴於我們自己的看法、我們自己的「現
在」。就好像我們自己是過去的產物一樣，已知的過去（歷
史）也是我們的創造物。不論是如何的沉浸於過去，沒有

---

經過證明的殘留物打散為組成它的各種特徵，以便視其做為間接證據的價值而加
以使用，由此推知那個已不存在的過去。這個過去乃由相關歷史事件的變遷所組
成，其本身也解答歷史學家對於過去明確而有系統陳述的問題。」（頁33）

任何人可以擺脫他（她）自己的知識和假設。羅文陶說：
為了解釋過去，「歷史學家不囿於過去實際的紀錄，而以今
日的思想方式建立假設……梅特蘭（Maitland）指出：『我
們是現代人，我們的言語和思想非是現代的不可，我們生
得太晚，不克成為早期的英國人。』」[6] 因此，詮釋性、推測
性的字眼，其塑造力量是沒有什麼限制的。詩人赫勒布尼
可夫（Khlebnikov）在其《給行星的諭令》（*Decrees To The
Planets*）中說：「看哪，太陽服從我的體制。」[7] 歷史家則
說：「看哪，過去服從我的解釋。」

　　這個說法其本身看起來似乎有些詩意，因而，我們可以
舉一個現世的例子，說明關於史料的這個看法：即雖然可以
限制歷史家的絕對自由，卻無法真正做到阻止無窮無盡的解
釋。對於希特勒在掌權以後的意圖和第二次世界大戰的原
因，目前有許多不同的看法。這種著名的持久異議之一，是
泰勒（A. J. P. Taylor）和楚浮羅泊（H. Trevor-Roper）之間的
異議。這個異議不是由於他們史學能力上的優劣。他們都有
豐富的經驗，都有「技巧」，都能解讀文獻，而且在這個主

---

6 羅文陶，《過去是一個外國》，頁216。

7 史坦納，《巴別塔之後》（G. Steiner, *After Babel*, Oxford: Oxford University
　 Press, 1975），頁234。

題上是解讀同樣的文獻。可是他們還是持不同的見解。因此，雖然原始資料可以防止隨意的曲解引述，同樣的事件和原始資料，卻不必然產生獨一無二的解釋。

　　上述三種造成認識論脆弱的理由，其理論基礎是，歷史並非充分的過去，而歷史學家又只能尋回片段的事實。但是第四點卻強調，藉由後見之明，我們在某種意義上，較之生活在過去的人對過去知道得更多。在將過去譯為現代文字，以及在使用以往無法取得的知識時，歷史學家一方面發現了已被遺忘的過去，一方面將以往不曾拼湊在一起的片段拼湊起來。因此，人物和社會的組織在只能由回顧中看到的過程中被捕捉，而文獻及其他的遺跡，被由原始的脈絡中剝離，以便說明一個對於其他作家來說簡直完全沒有意義的模式。而正如羅文陶所云，這一切都是無可避免的。歷史永遠在將不同的來源的文句整合成一個新的文句，它改變、誇大過去的若干方面：「時間被按透視法縮小、細節經過選擇、強調行動集中、簡化關係，不是（有意要）更改事件而是要賦予它們意義。」[8] 甚至是最經驗主義的編年史家，也必須發明敘述的結構，讓時間和地方具有形式：「功業（Res gestae）很可能是一件該死的事接另一件該死的事……但是它不可能以

---

8　羅文陶，《過去是一個外國》，頁218。

這樣的外表出現，因為要是這樣它便不會有任何意義。」[9] *
由於故事強調關聯，對於中斷只輕描淡寫，羅文陶下結論
說：我們所知道的歷史，比我們有理由相信的過去，似乎更
為容易了解。

　　以上，這些便是主要的（和著名的）認識論上的限制，
我以快速而概括的方法介紹它們，讀者可再深入閱讀羅文陶
等人的著作。接下來我想再談別的。如果這些是我們可以知
道的認識論限制，那麼它們顯然和歷史學家致力去嘗試和發
現的方式互相關聯。如同認識論般，在歷史學家所使用的各
種方法中，也沒有哪一種具有應該一體遵行的絕對性。歷史
學家的方法論和他們的認識論一樣脆弱。

　　到目前為止，我提出的論點是：歷史是一種由歷史學家
所建構出的不斷移動（shifting）的論述，而由過去的存在
中，並無法導出一種必然的解讀：凝視的方向改變，觀點改
變，新的解讀便隨之出現。可是，雖然歷史學家知道這一
點，他們大多數似乎還是用心地去忽略它，努力追求客觀性
和真理。而這種對於真理的努力追求，貫穿了意識形態和方

---

9　同前引書，頁218。

\*　校按（盧）：即使是最單純的大事紀要，撰寫者也必須創造出某種書寫的格
　　式，而此動作本身即具有包含價值的解釋在內。

法論的立場。

　　因此，做為憑經驗的（有一些偏）右派，艾爾頓在《做歷史工作》[10] 一書討論「研究」那章的一開始便說：「因此，歷史研究近於追尋真理。」而儘管在同一章中以一連串的限制做為結尾——例如：「他（歷史學家）知道他所研究的是真實，（但是）他知道他永遠無法將其全部重建⋯⋯他知道歷史研究和重建的過程將永無止境，但是他也自覺地相信這不會使他的工作變得不真實或不正當。」——可是顯然這些警告對於艾爾頓最初所說的「真理追尋」並不構成嚴重的影響。

　　基於馬克思主義的（有一些偏）左派立場，E. P. 湯普森在《理論的困窮》[11] 一書中寫道：「有一段時候了⋯⋯歷史的唯物論觀念⋯⋯是在自信中成長。做為一種成熟的實踐方法⋯⋯它也許是由馬克思主義傳統中衍生而出的最強一門學問。甚至在我自己的一生中，進步的幅度也相當顯著，而人們曾以為這是『知識』的進步。」湯普森承認這不表示這樣的知識有待「科學的證明」，不過他還是認為它是真知。

　　而屬於憑經驗的（比較）中間派，馬維克在《歷史的性

10 G. Elton, *The Practice of History*, London: Fontana, 1969, pp. 70,112-13.

11 E. P. Thompson, *The Poverty of Theory*, London: Merlin, 1979, p.193.

質》[12]一書中，比較能體會他所謂的歷史家記述的「主觀方面」，但是對他來說，主觀不存在於歷史學家意識形態的立場，而存在於證據的性質中，歷史學家被其資料的不完整性所迫，更加展現其個人的解釋。基於這個原因，馬維克乃主張：歷史學家的工作，在於制定嚴格的方法論規律，以期減少「道德上的」干預。因此，馬維克銜接上艾爾頓：「艾爾頓熱切的想要說明：不要以為歷史的解釋不是根據普遍的法則，便表示它沒有受到許多非常嚴格的規律所控制。」因此，對於這些歷史學家來說，真理、知識和正當性，都來自嚴格的方法論規律和程序。是這一點減阻了源源不絕的解釋之流。

而我卻有不同的看法。我認為決定史家如何解釋的因素，終究是超越意識形態上的方法和證據的。因為，雖然大多數的史學家同意嚴格的方法很重要，可是問題在於他們說的是哪一種嚴格的方法。在馬維克論方法的一節中，他評論了許多人的方法，我們（大抵）可以由其間做一選擇。然而，你該聽誰的？黑格爾還是馬克思，或是狄爾泰、柯靈烏、椎埃（Dray）、奧凱夏、丹托（Danto）、蓋里（Gallie）、華希（Walsh）、艾特京遜（Atkinson）、勒夫（Gallie）、赫克

---

[12] 馬維克，《歷史的性質》，頁 187、190。

斯特（Hexter）？你願意附和現代經驗論者、女權主義者、年鑑學派、新馬克思主義者、新文體批評家、計量經濟學家、結構學派或超結構學派、或者甚至馬維克本人──就列個二十五種可能性吧。而這只是張簡短的名單！問題是，即使你可以做出選擇，標準又是什麼？我們如何知道哪一種方法可以導向「較真實」的過去？當然，每一種方法都會是嚴格的，也就是說，它的內部是協調一致的，可是它也是自我引證的。換言之，它可能告訴你如何在它的本身之內進行有效的討論，但是，由於所有的選擇在這一點上都一樣，那麼如何區別二十五種可能選擇的問題，便揮之不去。湯普森是嚴格的，艾爾頓也是，我們根據什麼理由做選擇？根據馬維克的理由？但是為什麼根據他的？因而，是不是可能最後我們選了──比方說湯普森的──因為我們就是喜歡湯普森的方法；我們喜歡他「做」歷史的理由。因為，當所有其他條件都是一樣時，我們還有什麼其他的理由採取某個立場？

　　總的來說，說方法是導向真理之路是會使人產生誤解的。有許多方法並沒有大家一致同意的選擇標準。往往像馬維克這樣的人會說，比方說，經驗論者和結構主義學者之間雖然有各種方法論上的差異，可是它們的基本原理是一致的。但這也不然。馬維克等人似乎忽略了：結構主義花了極大的力量十分精確地解釋他們不是經驗論者，而他們又特別

發明了自己的研究方法以自別於其他所有學派。

　　現在我只想簡短談一下另一個關於方法的主張，在關於「歷史性質」的導論性辯論中，這個主張經常出現。這是個概念性的問題，通常是以下述的方式呈現：很可能各種方法間的差異是無法消除的，不過不是有一些所有歷史學家都一體使用的關鍵性概念嗎？這可不可能指向某種共同的方法學上的立場？

　　誠然，在各種歷史中，我們經常遇到所謂的「歷史概念」（由於不稱它們為「歷史學家的概念」，這樣的概念看來不具人格、較有客觀性，似乎它們是屬於一種好像有些自我發生的歷史）。不僅如此，常常有人指這樣的概念為歷史的「心臟地帶」。這些概念是時間、證據、神入、因果、持續和改變，種種等等。

　　我不想勸你不應「使用」（work）概念，但我擔心：在提出這些特殊的概念時，會給你強烈的印象，以為它們確乎是明顯的和無時間限制的，而且它們的確是構成歷史知識的普遍性結構單元。可是這是具有諷刺意味的，因為要開放歷史，其所應該做到的事情之一，是將歷史的本身歷史化，即將所有的歷史敘述都視做被禁錮於某個時間和空間之中，因而歷史的概念不應被視為普遍的心臟地帶，而是特定的局部表現。就「常見的」概念來說，這種歷史化很容易舉例

說明。

在討論歷史新發展的一篇論文中，教育學家史提爾（Donald Steel）談到若干概念如何變成「心臟地帶的概念」，說明了在六〇年代五種主要的概念：時間、空間、順序、道德判斷和社會現實主義[13]，如何被確認為歷史的構成者。他同時指出，七〇年代以前，這些概念已經經過（尤其是他自己）淬煉，而成為歷史的「關鍵概念」：時間證據、因果、持續和改變、類似和差異。史提爾解釋說是這些概念構成學校委員會歷史科方案[*]、普通中等教育證書（GCSE）的基礎，確立高等教育的發展，並在大學部課程和一般課程上產生影響。因而，顯然這些「舊」心臟地帶在過去不到二十年間是在發生影響。它們不是普遍的，而且不是出於所謂的歷史學家的方法，而是出於一般的教育思想。顯然它們也是屬於意識形態的，因為如果其他的概念——「結構—行為」、過分決定、時機、不均勻發展、「核心—邊陲」、「主宰—微末」、「基礎—上層建築」、斷絕、世系、心態、霸權、菁英

---

13 史提爾，〈新歷史〉，收入《歷史資料》（D. Steel, 'New History', *History Resource*, 2, 3, 1989）。

* 編按：學校委員會（School' s Council）為英國全國性半官方團體，該組織大力抨擊傳統的歷史教學，倡導「新歷史科」，並在 1970 年代之後推出兩個不同年齡階段的歷史課程，且做為考試團體之一，影響極大。

分子、模式等——被用來組織某個（具有支配性的）領域，結果將會如何？現在該直接談一談意識形態了。

　　首先，容我舉一個例子。在我們所處時空的這一點上，應該可以在任何中學或大學歷史課程表中放一門相當歷史性（看上去像其他歷史），但其主題的選擇和方法論的探討，是由黑人、馬克思主義、女權主義的觀點做成的課程。可是，我懷疑我們是否能找到這樣一門課。為什麼不能？不是因為這樣的課程不是歷史，因為它會是。而是因為黑人、馬克思主義和女權主義論者，並不真正有權將這樣一門課放進這種公開的傳播之中。可是，如果我們問那些很有權力決定是什麼構成「適當的課程」的人，那些很有權力影響學校教什麼功課和不教什麼功課的人，那麼，很可能他們會說不開這門課的理由，是因為它是屬於意識形態性質的——也就是說像這樣一門歷史的動機，是來自對歷史本身以外的關懷，它會成為以說服你去相信某個特定立場為目的的傳達工具。這種「歷史本身」和「意識形態歷史」之間的區別十分有趣，因為它暗示——也是為了暗示——某些歷史（一般來說具有支配性的歷史）完全不是意識形態上的，它們不給人強加立場，也不傳達來自「主題」以外的對過去的看法。但是，我們在前面已經談到，所有賦予歷史意義的敘述必然是這樣的；意義並不存在於固有的過去之中（正如在我們將自己的

意義加諸其上之前,「風景」本身不具有我們的意義一樣),
而是由外面(或局外人)所賦予的。歷史從不是為其本身而
存在,它總是為了某人。

因此,我們似乎可以持平的說:某特定社會系統會希望
它們的史學家傳達某些特殊事物。我們似乎也可以公平的
說:它們首先想傳達的立場,將會是那些有利於該社會系統
之內較強有力的統治集團的立場。這並不是說這些立場是自
動得到的、不受到挑戰或者一勞永逸的平安無慮,而且「就
是這麼一回事」。歷史本身就是意識形態建構的這一事實,
意謂它經常被那些受到各種權力關係影響的人重新製作和重
新安排,因為支配的人和被支配的人,也有他們對過去的看
法,企圖藉此使他們的做法成為正統。可是這些被支配者的
看法被視為不正統和被排除於具支配性討論的日程之外。就
這一點來說,對於要傳達訊息的重新調配(往往許多這樣的
重新調配在學術上稱為「爭論」)必須不斷的進行,因為支
配者與附屬者的需要,在真實世界中是不斷重新發生的,因
為他們想動員大家(或許多民族)去支持他們的利益。歷史
是在這樣的衝突中錘鍊而成,而且顯然這些相互衝突的對歷
史的需要衝擊到關於歷史是什麼的辯論(對所有權的競相爭
取)。

因而,到這個時候,難道我們還看不出來:想要回答

「歷史是什麼？」這個問題最實際的辦法，就是用「誰」字取代「什麼」一辭，並在中間加個「為了」；因此，這個問題由「歷史是什麼？」變成「歷史是為了誰？」如果我們這樣做，那麼我們便了解歷史注定是有問題的，因為它是有爭論的字眼和論述，也就是對不同的群體來說，它具有不同的意義。因為，有些群體想要沒有衝突和痛苦的、經過「淨化過」的歷史；有些希望歷史可以導致寧靜；有些希望歷史具體表現強健的個人主義；有些希望歷史提供革命的策略和戰術；有些希望歷史提供反革命的根據，種種等等。我們不難了解對於一個革命分子來說，歷史是如何注定與一個保守分子所希望的不同。我們也不難了解歷史的用途不僅在邏輯上，在實際上也是無窮無盡的。每一個人都能斷然同意永不再改的歷史，會是什麼樣子？請容我以一個例子簡短解釋這些評論。

歐威爾在他的小說《一九八四》中寫道：控制現在的人控制過去，控制過去的人控制未來。小說以外的世界似乎也是如此。因此，現存的人們（民族）需要各種先例以為目前的自己定位，並使目前與未來的生活方式獲得正當性。（實際上，過去的事實〔或是任何事物〕，由於事實和價值的區別，根本不能使任何事物獲得正當性，不過在此所要強調的，是人們以為可以從過去事實中得到正當性的

假設之下，觀察自己是如何採取行動的。）因此，人們（民族）真正的感覺到有需要將今日和明日的自己，扎根在他們的昨天。最近，婦女、黑人、區域團體、各種少數民族等，都在找尋他們的昨天（而由於過去可以、也將會證實的無數的故事，他們也找到了）。他們由這些過去，解釋目前存在的事物和未來的計畫。在較早的一個時代，工人階級也想要用在歷史上創製出的軌道為自己扎根。在更早的一個時代，布爾喬亞階級找到其世系並且開始為自己（和別人）制定歷史。就這個意義來說，所有的階級和群體都在寫他們集體的自傳。歷史有幾分是人們（民族）創造其身分的方法。它遠不只是學校和學術課程中的一欄。雖然我們可以了解對於那些有著不同利害的團體來說，填入這些空白的內容是如何極端的重要。

我們不是一直都知道這一點嗎？像歷史這種重要的「使成為正當」的現象，乃根植在真正的需要和權力一事，不是很明顯嗎？我想它是的，除了當具支配性的論述指向不斷重寫歷史時，它才以取代這些需要的方式重寫：它沉靜思索著每一世代重寫其自己的歷史。但是，問題的所在是如何和為什麼？根據歐威爾的暗示，我們大有理由認為，答案是因為權力關係產生了諸如「做為知識的歷史」這樣的意識形態論述，而對所有為了尋求正當性而產生衝突的人而言，這樣的

論述都是必要的。

讓我們在此為「歷史在理論上是什麼」的討論下一結論。我曾指出歷史乃是由認識論、方法論和意識形態所組成。認識論說明我們永遠無法真正知道過去，過去和歷史（歷史編纂）之間的空隙是實體性的，也就是說，在本質上是沒有任何認識論的辦法可予彌縫。歷史學家已經設計了各種工作的方法以求減少「做解釋的歷史學家」的影響力。他們發展出嚴格的方法，又設法多方面予以普及化，因而如果每一個人都遵照這些方法，那麼一組「心臟地帶」的技巧、概念、慣例和程序將有助於走向客觀性。可是方法論有許多種。所謂的「心臟地帶」概念只是晚近的和不完整的建構成果而已，而我在前面曾經主張：我們在此所見到的差異的確存在，因為歷史在基本上是有爭論的論述、備戰的地帶——其間人們（民族）、階級和群體，實實在在是為了取悅他們自己，而像在描寫自己的傳記一般，對過去做各種解釋。在這些壓力之外沒有任何固定的歷史，只有當具有支配性的聲音可以用公然的權力或暗地的結合，壓倒其他的聲音時，任何（暫時性）的共識才會形成。歸根究柢，歷史便是理論，理論是意識形態上的，而意識形態只不過是物質利益。意識形態滲入歷史的各個角落，包括在若干機構中每日創造歷史行動實踐的這些機構——尤其是大學——乃是我們的社會組

織裡特別為此目的而成立的。現在讓我們看一看做為這類實踐的歷史。

## 在實踐上

我剛才下結論說：歷史自來便是而且將來也是，為了許多不同的原因和在許多不同的地方寫成的，而其中有一種歷史是專業性的歷史，也就是大致上在較高教育機構、尤其是大學中工作、而且通常受薪的歷史學家所寫成的。在《過去的死亡》[14] 一書中，歷史學家普朗布將這種（艾爾頓式的）專業性歷史，描寫成一個想要確立過去發生過的真實情形的過程，而且他拿這個過去與通俗的「記憶—常識—有如食譜的知識」的各種「過去」對比，以便丟開許多半形成、半消化，和（對普朗布來說）半生不熟的解釋。在《論生活在一個古老的國家》[15] 一書中，萊特曾經指出：普朗布的任務是不可能達成的，因為如前所示，天下沒有所謂無問題的歷史（史學家的）真理；而普朗布的目的也可能是不該有的，因為比如說，在大眾的記憶中，很可能有一些不時與「官方歷

---

14 J. H. Plumb, *The Death of the Past*, London: Macmillan, 1969. 散見各處。

15 Patrick Wright, *On Living in an Old Country*, London: Verso, 1985.

史」相對立的根據和不同的解讀（萊特建議我們在此設想歐威爾所著《一九八四》中無產者的記憶），同時也因為可以根除上述各種解釋的機構類型之一，亦即教育機構，其本身終究也牽涉在大眾「記憶型式」的社會化過程之中。因為雖然專業性的史學家絕對自稱為學院派和立場超然，可是，比較新穎的看法，卻是認為這些從業人員不但不曾自外於意識形態的爭吵，而且還在其間佔有支配性的地位；而專業性的歷史則被視為當前具支配性的意識形態如何與「學院式」的歷史滲透結合的表現。看來相當明顯的是：從較廣泛的文化和「歷史」的觀點著眼，像公立大學這種數百萬鎊的公共投資，對於目前進行中的社會組構的「複製」是不可或缺的，因為它們居於文化監護者（學術標準）和意識形態控制的最前線。如果它們不具這樣的功能，這樣的投資便有些欠思考。

假設到目前為止我是設法在真實的利害關係和壓力的空隙中為歷史定位，那麼我也需要考慮「學術性的」壓力。不僅因為學術型的歷史大致決定了「歷史真正是」什麼樣的領域，也因為它是在高等考試和大學課程中所研讀的那種歷史。實際上，你是朝這個方向被引進學術歷史，你將會成為專業史學家那樣。那麼，專業史學家是什麼樣子，他們又如何寫歷史呢 [16] ？

讓我們這麼開始。歷史是一群稱為歷史學家的勞動者在工作中生產出來的。歷史是他們的工作。而當他們上工時，常又帶著幾項可以指認出來的特徵。

首先，他們是就個人而立論：他們的價值觀念、立場、他們意識形態上的某某看法。

其次，他們帶著自己認識論上的預設。史學家不一定十分意識到這些預設，但是他們「腦海中」有取得「知識」的方法。在此，開始起作用的有一列類別（經濟的、社會的、政治的、文化的、意識形態的等等），一列跨越這些類別和存在於這些類別中的概念（比方說，在政治類別中可能多用到階級、權力、政府、主權、正統等），以及關於恆久性，或人類的廣泛假設（「具有諷刺意味的」和「非歷史性的」，這些假設往往被指為「人性」）。通過這些類別、概念和假設的使用，史學家將創造各種學說，有系統地說明各種抽象的觀念，並且組織和重組他（她）的資料，以便收入一些，揚棄一些。歷史學家也使用技術性的字彙，而這些字彙（除了不可避免的有時代上的錯誤以外）不僅影響到他們所說的

---

16 對於這種作風更充分的交代，參見史丹福，《歷史知識的性質》（M. Stanford, *The Nature of Historical Knowledge*, Oxford: Blackwell, 1986），尤其是第四章以後。

話，也影響到他們說話的方式。這些類別、概念和字彙經常修改。但是若沒有它們，歷史學家便不能了解彼此的敘述或撰寫自己的記述──不論他們對事情的看法如何分歧。

　　第三，歷史學家在仔細研讀資料時，有各種常規和手續（狹義說便是方法）：查對它們的來源、立場、真實性、可靠性……。這些常規將應用到他們所研究的所有資料上，雖然在研究時注意力的集中和嚴格的程度都不一樣（有許多佚失和錯誤的情形發生）。此處的一系列技術乃由繁複的一直到注意細節的。這些技術通常被稱為「史家的技藝」。現在我們可以了解這些技術本身只不過是在將歷史因素組合起來的過程中暫時存在（易言之，歷史不是「技藝」）。有了這些操作方法，史學家可以更直接地「草擬」歷史──「製造歷史」。

　　第四，在從事蒐集各種用來整理和寫作的資料時，歷史學家穿梭於其他歷史學家已發表的著作（體現在書籍、論文中的「積聚起來的勞力時間」）和未發表的資料之間。這些未發表的「頗新的」資料，可以稱為過去的遺跡（按字面解為過去留下的印記──文件、紀錄、人工製品等）。這些遺跡是已知（但很少經過使用）的遺跡；新穎、未經使用和可能未知的遺跡；以及「舊遺跡」的混合物──也就是，以前用過的資料，但是由於發現了較新的或新的遺跡，以致可以

放在不同於以前的系統之中。歷史學家可以用新的（和各種不同的）方法組織這些因素——永遠找尋那渴望中的「具原創性的主題」——並藉此將一度具體的遺跡，轉變成「思想上的實體」，也就是歷史學家的記述。在此歷史學家真正地在一個新的類別中複製了過去的遺跡，而此一轉型的舉動——將「過去」轉變為「歷史」——便是他（或她）的基本工作。

第五，在做完研究以後，歷史學家得把它寫出來。這便是認識論、方法論和意識形態因素再度開始起作用的地方，它們與日常的生活互相接合，在整個研究階段都將是如此。顯然，這些日常生活的種種壓力將非常多樣，但通常都包括：

1. 來自家人和／或朋友的壓力。（「不要又整個週末工作！」「你不能讓你的工作暫停一會兒嗎？」）

2. 來自工作場所的壓力。在工作場所，學院院長、學系主任、同儕群體、機關的研究政策，以及大概還有教書的義務，都壓了下來。

3. 來自出版商的壓力——這其中有若干因素：

字數：來自於字數限制的壓力相當可觀而且有影響力。試想，如果所有書籍都比正常情形薄上三分之一或厚

上四倍，那麼歷史知識會是如何的不同！

**書刊的格式**：頁面的大小、印刷字體、有沒有插圖、習題、參考書目、索引等；是活頁的？有無搭配錄音帶或錄影帶？──所有這些也有影響。

**市場**：歷史學家視誰是他（或她）的市場，會影響到說些什麼和該怎麼說。試想，對學童、高年級學生、非歐洲人、「革命專家」和感興趣的外行人所描寫的1789年法國大革命會如何不同！

**截稿日期**：作者有多長的時間進行研究並將結果寫出；時間是如何分配（每星期一天、休假一學期、在週末），這些都將會影響到，比方說，是不是可以獲得原始資料、歷史學家注意力是否集中等等。再者，出版商所定關於完工的條件也是非常重要的。

**文體**：歷史學家的筆法（爭論性的、論述性的、非常華麗的、好引經據典的，以及所有這些的組合），以及文法、造句法和語意法的運用，都影響到敘述，而且很可能必須修改，以適應出版商的出版風格、叢書形式等等。

**審查人**：出版商將文稿送人閱讀，這些人可能要求在材料的組織上做大幅的修改（例如，本書最初的篇幅幾乎比現在長兩倍）。再者，有些審查人據知是別有用

心的。

**重寫**：在一本書付梓以前的各階段，都會有重寫的情形
發生。有的時候有些章節需要起草三次，有的時候更
高達十三次。最初才華橫溢、包羅萬象的構想，當你
設法重新寫上十二次時，便已淡而無味了。再者，你
最初放在裡面的東西，現在省略了，而留在裡面的往
往好像是憑運氣。當做者「研究」那些很久以前所閱
讀和（往往不完全）記錄下來的遺跡時，他會做些什
麼樣的判斷？

凡此種種，都是極為明顯的壓力源。（試想有多少外在
的因素，也就是「過去」以外的因素，對你起作用並影響
你在論文和研究中所寫的內容？）但是此處要強調的，是
在這些壓力中（事實上也是本章所討論的各種程序中），卻
沒有一項影響到記述中的事件，比方說，第一次世界大戰
中的人力計畫。在此，「過去」和「歷史」之間的裂隙又開
始加大。

第六，以上所談的是關於歷史作品的產生。但是著作也
必須有人閱讀和消耗。正如吃蛋糕一樣，可以用不同的方法
吃（細嚼慢嚥、狼吞虎嚥），在不同的時候吃（工作時、開
車時），在不同顧慮下吃（吃太多了嗎？好消化嗎？），和在

各種各樣的環境中吃（如節食中，或婚禮中）──而每次的經驗都不會一模一樣的重現──因此，對於書籍文章的消耗，其發生的脈絡也不會重複，幾乎可以確定，沒有任何兩次閱讀是完全一樣的。（有的時候，你會在著作上寫下眉批，然而隔一陣子再翻閱時，卻想不起來當初是為何而寫，可是它們卻是在同一頁上完全一樣的字眼。那麼意義如何可以保留？）因此，即使是同一個人的閱讀，也不能保證每一次閱讀時都會產生同樣的效果。這表示作者無法強使讀者接受他們的意向和解釋。相反的，讀者也不能充分的徹底明白作者所想說的每一件事。再者，同樣的文字可以先被寫入某種廣泛的論述之中，之後又寫入另一種廣泛的論述之中；在邏輯上這是沒有限制的，每一次閱讀便是另一次寫作。這是一個以解構主義來閱讀文本的世界，其間任何文字，當放入別的系統脈絡中時，便可具有不同的意義。這是個「差異的世界」。

　　可是最後這些話似乎引起一個問題。（但是在你的閱讀中，曾有問題產生嗎？而你的問題又和我的不一樣嗎？）我發生的問題是：雖然上述的情形似乎表示在解釋上有不斷的變化，但事實上，我們卻是用相當可以預測的方式「閱讀」。那麼，就此而論，是什麼使閱讀固定？不是對於每一件事細節上的同意，因為細節總是浮動的──永遠可以讓特

定的事物表示多一點或少一點的意思——但是一般性的同意
卻是可能的。它們的出現是由於權力，在此我們又回到意識
形態的問題上。我們可以說阻止文本被完全武斷使用的原
因，是某種文本較其他文本更接近某些文本；它們或多或少
是可以分門別類；或多或少更能適合人們（或民族）在這些
文字中所表達的需要。因此在歐威爾之後，他們找到類似性
和定位的標竿（書單、推薦的讀物、杜威圖書分類號碼）。
這些分類和定位，其本身終極也是武斷的，不過它們與群體
和階級比較永久的需要有關：我們是生活在一個社會體系之
中，而不是生活在一個社會偶然行動之中。這是一個需要思
考的複雜但必要的範疇，可以參考像蕭爾斯（Scholes）、伊
戈頓、費希（Fish）和班奈特等理論家的作品。他們在這些
文本中，曾經討論到這一點如何充分可行 [17]。你也許可以反
思：這種有些使人困惑的情勢——在邏輯上不一定必須安定
下來的不穩定文本，實際上卻安定了下來——與學者往往具
有的對解釋的焦慮有著怎樣的關係。他們的焦慮是：如果你

---

17 蕭爾斯，《文本的力量》（R. Scholes, *Textual Power*, London: Yale University
　Press, 1985）；伊戈頓，《文學評論和意識形態》（T. Eagleton, *Criticism and
　Ideology*, London: New Left Books, 1976）；費希，《這個班上有教科書嗎？》
　（S. Fish, *Is There a Text in This Class*?, Cambridge MA: Harvard University
　Press, 1980）；班奈特，《文學之外》。

了解到歷史是歷史學家所創造的；了解到他們寫史所根據的
證據那麼微薄；了解到歷史無可避免是解釋性的，而且每一
種議論至少有半打以上的看法，因而歷史是相對的。那麼你
會想，如果歷史只不過是解釋而沒有人真正知道過去是怎麼
一回事，那麼，做歷史工作幹什麼？如果歷史至終是相對
的，那麼做歷史工作還有什麼意義？這種心態我們可以稱為
「不幸的相對主義」。

　　在某種意義上，這種看歷史的方式是正面的。它是具有
解放性的，因為它揚棄了舊日「確定的事實」，因而可以揭
發那些由這些「事實」中受惠的人。而就某種意義上而言，
什麼都是相對的（歷史主義的）。但是，不論是否具有解放
性，這種認知有時候仍會使人感到前途黯淡。然而我們不需
這麼想。破除別人的歷史，是建造你自己的歷史的先決條
件，因為你懂得自己是在做什麼，而且它提醒你歷史永遠是
為某人所寫。因為，雖然如前所述，在邏輯上所有的記述都
有問題而且是相對的，事實上有些卻具有支配性、有些則無
關緊要。在邏輯上它們都一樣，但在實際上它們卻不同。它
們有評價上（雖然終極來說毫無理由）的不同層級。因而，
這個問題變成「為什麼」？而答案是：因為知識與權力有
關，而在社會組織中，權力最大的人盡其所能散布與其利害
相對而言正統的「知識」。在理論上，這是藉著對實際權力

的分析而脫離相對論的方法。因而，一個相對論者的看法不
需要導致失望，反而會使人開始對於事物是如何運作有較通
盤的認識。這是具有解放性的。反射於外的便是，你也可以
製作歷史。


## 歷史的定義

　　我在前面提出歷史主要是由歷史學家創造出來的議論。
那麼，還有什麼可大驚小怪的？歷史不就是這樣嗎？就某一
點來說它是的，但顯然也不盡然。在狹義的工作意義上，歷
史學家所做的工作相當容易形容，我們可以擬出一份對他們
工作的描寫。然而，當這項活動必須被插入到任何它所來自
的社會組織中的權力系統時，問題便來了。不同的民族、群
體和階級會問：「歷史對我或我們來說代表什麼，而它又是
如何被使用或濫用？」在此，在使用和意義上，歷史變得如
此的不確實，這時「歷史是什麼？」變成——如我在前面所
解釋的——「歷史是為了誰？」這便是最後的結語。因而，
對我來說歷史是什麼？定義是：


　　　　歷史是一種移動的、有問題的論述。表面上，它
　　是關於世界的一個面相——過去。它是由一群具有

當下心態的工作者（在我們的文化中，絕大部分的
這些工作者都受薪）所創造。他們在工作中採互相
可以辨認的方式──在認識論、方法論、意識形態
和實際操作上都有其一定的立場。而他們的作品，
一旦流傳出來，便可能遭致一連串的被使用和濫
用。這些使用和濫用在邏輯上是無窮的，但在實際
上通常與一系列任何時刻都存在的權力基礎相對
應，並且沿著一種從支配一切到無關緊要的光譜，
建構並散布各種歷史的意義。[18]

---

[18] 這個定義與佛羅為文學所下的定義相似，見佛氏所著，《馬克思主義和文學歷
　　史》。佛氏以為：文學指定一組表示意義的做法。這些做法已在社會上被系統
　　化為一個整體。它們接著因而能調節被劃歸為這一類的文本的生產、接納和流
　　傳。它因此也為正式而分立的文本建構了一種具有共通形式的文本性，不過，
　　這個共有的形式可以被其他與之對抗的表意體系所破壞──後者與不同階級
　　（或種族或性別或宗教）的地位及其不同的制度基礎相對應（頁84）。

第二章　論一些問題和答案

　　在為歷史下了定義之後，我現在便想利用這個定義嘗試
回答經常由歷史性質衍生而來的種種基本問題。由於這本書
篇幅很小，我的論證也將盡量簡短。但是不論簡短與否，我
希望下面提出的答案，其所指的方向和方法，可以孳生出更
多複雜微妙、有細微差異和合適的回答。此外，我以為這樣
的導論書籍（一種「歷史概略導論」）是必要的，尤其是因
為，雖然經常有人提出歷史的性質是什麼這類的問題，但一
般的傾向都是不做結論，以便讀者可以「自己決定」。我也
想這樣。不過我了解，往往各種有關「歷史性質」的辯論，
大家只能不甚清楚的理解（我的意思是說可以拿來辯論的各
種取捨這麼多，基本要素可能的排列次序又這麼多），以致
某種懷疑和混亂往往存在。因此，為了改變以往的做法，下
面是一些問題和一些答案。

1. 在歷史的論述中，「真實」的地位是什麼？
2. 有沒有客觀歷史這麼一回事（有沒有客觀「事實」
　 等），或者歷史只不過是解釋？
3. 什麼是偏見，什麼是在嘗試消除偏見時所牽涉到的問
　 題？
4. 什麼是神入，可以辦到嗎？如何？為何？而如果辦不
　 到，為什麼嘗試一下似乎如此重要？

5. 一手和二手資料（遺跡）之間，「證據」和「資料」之間，其差異又為何？其關鍵為何？

6. 該如何處理「對語」（因與果、持續與改變、類似與差異）？透過它們的使用，可以做到別人要求你完成的工作嗎？

7. 歷史是一種藝術還是一門科學？

## 論真實

在前章中我已經談過「我們是否可以知道過去的真實情形」這個問題。我提到艾爾頓等人的議論，說他們以為歷史研究的目的是在於求得真正（真實）的知識，並且表示嚴格說來這是辦不到的。而且，我也已設法從認識論、方法論、意識形態和實際操作等各方面說明為何辦不到的理由。然而，我認為為了就先前這個論點繼續發揮，必須探索剩下來的兩個領域：第一，如果我們最終無法知道過去的真實情形，那麼我們為何要不斷追尋？其次，不論天下有沒有真實這回事，「真實」一辭在歷史的論述中到底具有什麼作用？

首先，我們為什麼需要真實？在某個層次上，答案似乎是明顯的。因為如果沒有它，若干確定事物和給它們做結論的確實性概念——如客觀性、本質、要素、不偏不倚等——

都將無能為力。沒有客觀性，我們如何區別對同一現象相異的敘述？更具體的說，我們如何真正確定什麼是導致1832年改革法案*的最重要原因？這類憂慮似乎縈繞在我們心田。

但是為什麼？在立即的實用性之外，這種對確實性的欲望由何而來？理由很多，從籠統的「西方傳統」，到面對不確定性時心理—社會上的「失落」恐懼。哲學家懷海德（A. N. Whitehead）常被人引用的評論——西方主導的哲學傳統（「西方的傳統」）是一系列對柏拉圖學說的註腳——便是很好的解釋。因為柏拉圖以為純粹形式（公平、美德、最佳政治制度）的絕對知識是可能的，而且透過哲學上的辯論可以予以確定（意指如果一個人知道美德是什麼，則行為不道德便是不合理，這個看法意謂：善和真的知識應當帶來善和真的做法）。同樣極為重要的是基督教的看法，意即上帝的言語就是真理的言語，認識上帝便是認識知識，基督教提供了用對錯天秤評判每一件事物和每一個人的辦法。再者，在西方思想的許多形式（哲學、神學、美學等）中，那種經常想要透過真相的對應理論來系統地表達「文字」（word）與

---

* 編按：1832年改革法案乃英國自1688年以來最劇烈的一次憲政改革。改革重心集中在降低選民資格限制，以及新舊市鎮國會議員名額的調整。其所造成的兩項重大結果為：其一選民人數較前增加一倍有餘；其二讓人口集中的新興市鎮有了相應的國會議員以資代表。

「世界」（world）之間的緊密聯結*，長久以來便相當有效地遏制了具摧毀性的懷疑主義（詭辯主義、唯名論主義、反基要主義 [anti-foundationalism]）。理性和科學的發展加上科學似乎真的「靈驗」的事實，是進一步促成的因素。其他有催化功效的因素包括：在日常生活中真實和其同義字的廣泛使用（「說真話」「你真的那樣說嗎？」「我怎麼能信任你？」「你絕對能確定嗎？」）；一個人的教育經驗（「誰能給我正確的答案？」「再做一遍，那是不對的」）；練習本上的那些確定論者的打對打錯的批改記號；以及所有那些因我們不了解其「內容」如何產生而恐嚇我們的教科書——藉由這種種的影響，真實似乎自然就在眼前唾手可得。

　　但是在文化中沒有什麼東西是自然可得的。今日，我們不知道柏拉圖的各種「絕對」有什麼根據。今日我們與「上帝不存在」的想法共存。我們解構了「文字」和「世界」之間的緊密聯結，並使它們之間的關係成為武斷的和實用主義的。在本世紀中，我們已看到理性無力憑論證的力量消除非理性。雖然物理學家和工程師在他們的工作和「假設—演繹」的推理方面獲得成功，他們成功的理由卻仍然是個謎團：「沒有人知道，在自然明顯的意義上，為什麼外在的世

---

* 校按（古）：亦即想通過敘述與外在世界間的互相對應以證明其真實性。

界會符合規律的假設，會符合數學及推理的規律的期望。」[1]
而我們當然還是能夠了解那些老生常談所代表的「常識」，
儘管它們之所以存在的假設早已被推翻了。例如，我們到今
天還在說「日出」和「日落」，好像哥白尼的天體論還沒有
完全取代托勒密的學說。空洞的隱喻和老朽的比喻之辭，充
斥在我們的字彙和文法中。它們牢牢地黏在我們日常用語的
架構上[2]。

那麼這一切都是我們所「知道的」，如果我們還能用這
個字的話。我們（和我們的文化）是與道德無關的、懷疑
的、諷刺的和世俗的。我們與不確定為伍。我們干擾了真
實。我們追捕到真實，卻發現它是一個語言學上的記號，是
一個概念。真實是一種自我參照的比喻之辭[*]，無法接近可
由感官感知的世界。文字和世界，文字和物件，始終是分開
的。現在讓我們先對這幾點做一般性的探討，然後再將它們
關聯到「可由感官感知的過去與推論性歷史之間類似的區
別」，並以此為這第一個問題做結束。

在《詞與物》（*The Order of Things*）一書中，傅柯指出文

---

1　史坦納，《真實的態度》（G. Steiner, *Real Presences*, London: Faber, 1989），
　頁 71。
2　同前引書，頁 1。
*　校按（古）：指真實並無外在的客觀根據。

字與事物之間各種對應的荒謬，但同時也指出其實際的可能性：

> 本書緣起於（阿根廷作家）波赫斯（Borges）著作中的一段，緣起於當我讀這一段時，所發出粉碎所有熟悉的思想上界標的笑聲——這種思想是我們的思想，帶有我們所處時代和地理的印記。笑聲粉碎了我們習於用來制約龐雜現存事物的所有井井有條的外表和各種層面，並且繼續不斷、駁駁然的，干擾威脅著要打破我們長久以來對於「同類」和「另類」之間的區別。以下引用了某一本中國百科全書。在這本書中，動物被分成：
> (1)屬於帝王的
> (2)薰了香的
> (3)溫馴的
> (4)吃奶的小豬
> (5)引誘男人的美婦
> (6)神話中的
> (7)迷失的狗
> (8)存在於目前分類中的
> (9)暴亂的

(10)數不清的

(11)細駝毛毛筆所繪的

(12)其他

(13)剛打破水罐的

(14)遠看似蒼蠅的

　　在這種令人驚嘆的分類中——我們原本一目了然的事物，以另一種富有異國情調的思想系統所呈現——是我們自己思想系統的限制，我們自己完全無法**做如是**想。[3]

　　傅柯的意思很清楚。他是指定義是可以隨便下的。我們看來很古怪的定義，對於那位認為它很有道理的百科全書編者來說是不古怪的。而我們所下的定義，對他（她）來說卻是古怪的。因此，我們在此所缺少的，是「文字」與「世界」之間的必然關係。因此，文學和文化理論家史坦納（George Steiner）說：

　　　這種文字與世界間的斷裂，是西方歷史上極少數

---

3　謝里登，《傅柯：求真的意志》（A. Sheridan, *Foucault: The Will to Truth*, London: Tavistock，1980），頁 46。

真正具有革命性的事件之一。「玫瑰」一字既無枝幹樹葉也無刺。它既非粉紅色也非紅色或黃色。它不散發氣味。它的本身只是一個隨便的記號,一個空洞的記號。在其語音成分上、語源學歷史上和文法作用上,沒有任何一項對應在我們所以為和所想像的,一般習慣所代表的事物。[4]

美國實用主義哲學家羅逖(Richard Rorty)評道:大約兩百年以前,歐洲人認識到真理永遠是被創造的,而非被發現的[5]。可是,雖然文字和世界之間有些滑移,雖然所有的意義和真理都是在偶然的情況下所創造出來的,可是,事物卻似乎與之相對應,那麼它們為何對應?它們之所以對應,是因為我已經提到的各種理由:我們的文化有一個漫長且具支配性的傳統,在這個傳統中,真理和確定性被認為是發現出來的,而不是創造出來的——柏拉圖主義、基督教理、理性、科學、日常生活的習慣,以及上一章所提的「藉著確實性的操作方式,仍然得以抗拒理論上虛無主義的」歐威爾式/意識形態上的吸引力。因為,至終讓人閉口、並只允許

---

4 史坦納,《真實的態度》,頁 93-95。
5 羅逖,《偶然‧反諷與團結》,頁 3。

特定事情進行的，是權力。真理有賴於有權力的人使它成真。這便是何以真理的概念能夠發揮檢查官功能的原因（如我所云，不論這樣的真理真不真實）。因此，在《權力／知識》一書中，傅柯主張：

> 真理不外於權力……它只藉著多種形式的限制而產生。……每一個社會都有其真理的「一般政治學」：也就是，它所接受和使它起真理作用的種種論述；使人可以區別真話和假話的機制和實例；每一種藉以得到認可的方法；在取得真理時被賦予價值的技術和程序；那些負有替真理發言責任者的身分。
>
> ……所謂真理，指的不是「有待發現和接受的許多真理的總體」，而是「許多規則的總體，根據這些規則，真偽被分開，而權力的特殊效應被附著到真理上面」；我們也了解真理並不是「代表」真實那回事，它「代表」的是關乎真理的地位及其經濟和政治作用的戰鬥。
>
> 真理的正確意義，應該是一個「井井有條的許多程序」的系統，這些程序製造、管制、分發、傳布和操作各種陳述。真理與產生它和支持它的權力系

統息息相關……一個「真理的政權」（regime of
truth）。[6]

　　所有這些議論都可以輕易的應用到歷史上面。歷史是一
種論述，一種語言的遊戲。在歷史之內，「真理」和類似的
說法，是開啟、調節和終止「詮釋」的設計。真理有檢查的
作用──它決定真理的分野。我們知道這樣的真理事實上是
「有用的虛構」。這些虛構藉權力而進入論述（得有人把它們
收進和留在那兒），而權力使用「真理」一字實行控制──
真理的政權。真理防止失序。是這種對（失序者的）失序的
恐懼，或者從實效性來說，是對於（給不自由者）自由的恐
懼，在功能上將它與實質的利害聯結在一起。


## 論事實和解釋

　　通常，「事實」與「解釋」之間的問題，是說有沒有我
們可以確切知道歷史事實（例如日期），或者歷史「只不過
是解釋」？

　　是不是有似乎事實上正確的「往事」？在某種意義上我

---

6  Michel Foucault, *Power / Knowledge*, pp. 131-33.

們可以說：是的。例如，我們知道所謂的大戰或第一次世界
大戰是發生在 1914 年到 1918 年之間。我們知道佘契爾夫人
（Margaret Thatcher）在 1979 年開始掌權。如果這些是事
實，那麼我們便知道事實。然而，這樣的事實雖然重要，但
在歷史學所考慮的較大論題之內，卻是「真實」但平凡無奇
的。因為歷史學家不大注意不連續的（個別事件的）事實，
因為這樣的注意只不過觸及到歷史論述中所謂的年代紀的那
一部分。不，歷史學家是野心勃勃的人。他們不但想要發掘
過去發生過什麼，也想要了解這些事情如何和為何發生，它
們在過去和現在的意義又是什麼。這是歷史學家自己給自己
規定的任務（我的意思是說他們本來不必給自己這麼大的壓
力）。因此，事實本身從來都不真是爭論的重點，有爭論的
是在建構解釋時，伴隨事實而來的分量、地位、結合和重要
性相互之間的作用力。這是無可避免的解釋空間，是可疑未
定的空間——當歷史學家將過去的事件改變為意義的模式，
這樣的模式是任何依照事實的實在陳述所永遠產生不出來
的。因為，我們也許有辦法查出「曾經發生過什麼」，可是
我們卻沒有任何可藉以確切說明這些「事實」意味著什麼的
方法。史坦納對於這一點也有意見。他說：一本書或一篇文
章，由於其成分是：

　　語音學的、合乎文法和修辭的，因而可以做分析
性和統計學上的研究……但是，當這樣的研究方法
想要形構「意義」，當它們由語音學的層次上走到
語意學的層次時，便會產生絕對具有決定性的失
敗。任何分析性語言學的技巧在這上面都未能獲得
有效的進展。[7]

　　顯然，這適用於論述性的歷史。在這樣的歷史中，過去
是一個待閱讀和賦予意義（還記得那個以地理學閱讀的景
觀？）的文本（充斥著許多「舊」文本），因而對任何文本
性質之限制的批評在此都用得上。沒有任何方法可以確立根
深柢固的意義。任何的事實要有意義，都需要深埋在解釋性
的見解之中，這樣的見解顯然包含事實，但卻不是單純地從
事實中無意產生出來的。令經驗主義者懊惱的是，事實—價
值二分法允許／要求這一點[8][*]。

---

[7]　史坦納，《巴別塔之後》，頁 110。

[8]　當然，我在本書中不否認過去的真實性的存在。我只是說，在邏輯上，對過去
的評估不可能只有一種（參考「真實─價值的區別」，它當然十分明顯的容許
有「事實」的存在）。再者，我不否認在「真實效應」這樣的論述中，「真實」
有其字面上的意義。但是，由於「真實」這個字彙只適用於分析系統中（譬如
說推論邏輯中）的陳述，而不適用於較廣大系統的本身（陳述不過是這較廣大
系統的一種語言學構造），因而，涉及這種較廣泛議論（解釋）的歷史學家，

　　工作中的歷史學家顯然應該承認這些議論。通常他們都
不承認，即使承認，也很少研究它們。歷史學家似乎往往假
定：解釋緣於「始終已在那兒的事實」；真正暫時性和局部
性的解釋，才真正是真實和正確的解釋；而在「中心」（the
centre），一件事情的各種事實，是以既有和尚未經解釋的方
式存在。

　　這聽起來有一點抽象。因而，容我以一個例子說明這將
牽扯出什麼樣的後果。

　　歷史學家斯基德斯基（Robert Skidelsky）在他最近的一
篇通俗短論中[9]，談到我們所討論的這個問題。他強調：大多

---

不能說這些較廣泛的議論和解釋是真實的。事實上，說「真實的解釋」有字詞
上的矛盾。見奧凱夏的《論歷史》（頁49及散見各處）及安克斯密的〈答札戈
林教授〉（F. R. Ankersmit, 'Reply to Professor Zagorin', *History and Theory*,
29, 1990, pp.275-96），和〈歷史編纂與後現代主義〉（'Historiography and
Post-modernism', *History and Theory*, 28, 1989, pp.137-53），以及札戈林
的〈史料編纂和後現代主義的再思考〉（P. Zagorin, Historiography and Post-
modernism: Reconsiderations', *History and Theory*, 29, 1900, pp.263-74）。
參照羅逖，《實用主義的後果》（R. Rorty, *Consequences of Pragmatism*,
Minneapolis: University of Minnesota Press, 1982），及懷特的《論述的轉
喻》。

\* 校按（盧）：經驗主義者原本指望史料自己會說話，但此處認為任何解釋都是
　史家自覺的行為。

9 斯基德斯基，〈價值觀念的問題〉，收入《時代教育附刊》（R. Skidelsky, 'A
　Question of Values', *The Times Educational Supplement*, 27.5.1988），似乎以

數的歷史事實都不會引起爭論，相對主義對於基本上大家所
同意的知識本體的有條不紊討論，並不構成威脅，而且共有
的價值觀念和看法支配了「我們」對於過去的大半解釋。斯
基德斯基同意解釋性的活動不斷進行，但卻認為它是位於周
邊，對共有的中心並不表懷疑。事實上，我們對不同的敵對
的（邊緣性）看法的評斷，便是源自這樣的中心。

　　在這麼清楚地陳述這一看法時，斯基德斯基成為許多歷
史學家的代言人。我們可以簡短的舉例說明他的意思。我們
可以說我們知道歐洲在兩戰之間那些年發生的基本事實。我
們知道發生了什麼事、何時發生，以及大致上是為何發生。
圍繞著一般的看法曾有些不同的辯論在進行——關於慕尼黑
會議、綏靖政策等——但是這些辯論都尊重事實，只是想辦
法對事實稍微予以調整。往往，這些辯論都可以聯結到特定

---

為造成對同樣一組事件不同解釋的，是意識形態上的歪曲和事實資料的不足。
他們主張：如果避開意識形態而只是忠於事實，那麼便會有相當程度的知識浮
現。不過：如懷特所主張，在未經處理的過去紀錄中，以及在歷史學家由這種
紀錄所摘取的事件編年中，事實只以相關聯片段的聚集體形式存在，這些片段
需要用某種基質予以拼合。對許多歷史學家而言，這已不是新聞：「要不是他們
那麼迷信般地惑於『事實』的觀念，那麼先天地對任何形式的『理論』懷有敵
意，就不會使得歷史著作中用來解釋事實與概念之間關係的正式理論，被當做
是那些歷史學家投誠到他們看不起的社會學家陣營，或墮落到邪惡的歷史哲學
中去的犯罪證據。」（懷特，《論述的轉喻》，頁 126）。

的歷史學家（瓦特 [D. C. Watt]、泰勒），而這就是習稱的歷史編纂層次（historiographical dimension）*。意即，歷史學家重新解釋兩次世界大戰之間較突兀的小片段，這就是歷史編纂的部分，學者可以從中研究史學家說了什麼。

　　此一立場衍生出好幾種看法，尤其是，如果歷史編纂只發生在知識的邊緣，那麼，我認為所有的歷史編纂的看法也將被視為不正確。我往往聽說：學生不應該再管歷史學家說些什麼，而應集中注意力於實際上發生過的事情；他們應當研讀「正當的」（proper）**歷史。但這個看法與我在前面所說的種種正好相反。如果歷史是解釋，如果歷史是歷史學家的著作，那麼歷史編纂「便是」歷史「正當的」研究。我認為每一件事都是一種論述的建構，包括斯基德斯基式的未經解釋的中心。也就是說：所謂的中心是一個凝固的解釋。包括我在內的其他歷史學家和斯基德斯基的主要差別便在此。我願提出下面的議論以支持我的觀點。

　　還是使用兩戰之間的事件為例，我的立場如下。斯基德斯基等人，會主張 1918-39 年間確有一大團大家都同意的確實知識。在其邊緣，一些零星的地方曾經過再處理，但是其

---

*　校按（古）：亦即史家自行撰釋的部分。
**　譯按：或可譯為嚴格意義下的。

主體還是有效。對於這些作者而言，把這種周邊性的辯論描繪成介於「左」、「右」之間，並非不尋常的。這種看法的模型可以圖示如下：

在此，平衡的中心看上去是毋庸爭論的。它也表示：居於這圈中心的「平衡的」歷史學家，可以客觀的看待左翼和右翼的相反看法，而予以贊同或反對，並且予以斟酌。在這個中心，一個人可以是（非意識形態的）自由派，因為左翼和右翼的意識形態立場都在那兒。而如果左翼或右翼立場中有一個獲勝，則會導致不平衡。一個人可以由這個中心公正地裁判：「一方面─另一方面」。

但是，再想一想。容我現在把左翼、中央和右翼放在一道連續的光譜上。如此，舊的模型：

遂變成：

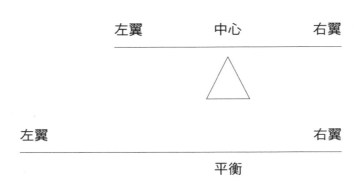

由此，我們立刻看出舊模型的中心並不真正是任何事物的中心。相反的，我們在靠近一個既有（和在邏輯上無限）光譜的一端，有一大束「左翼／中心／右翼」的立場。因此，當一個人據稱是由「中心」以持平的態度回答時，我們會希望知道那是什麼的中心？因為若將「左翼／中心／右翼」視為一體在光譜上任意移動，同時其中心卻沒有產生任何偏倚，這樣的概念是有問題的。光譜是不會有中心的。

如果這樣說還是不夠清楚，那麼請容我再說清楚一點。我們或者想問：在今日的英國，邊際性和反對性的解釋（我們可以在上面加添並予以評判），是否環繞著馬克思—列寧主義的中心？

我想答案是否定的。但是為什麼是否定的？畢竟，目

前關於 1918-39 年（論法西斯主義、偉大的愛國戰爭*原因等）的馬列主義派記述多得很，那麼，為什麼，為什麼它不是（未經解釋的／既定的）中心，而其他記述不過是環繞在它周圍的邊際性解釋？這不是一個不切實際的例子，因為在蘇聯，馬列主義的記述是居於中心的位置。我們「共有的」中心本是「布爾喬亞階級」，但在蘇聯，它們卻成為邊緣記述。易言之，「我們的」中心只是「我們的」。斯基德斯基的主張——也就是說我們的中心實際上也就是每個人（普遍）的中心，而且真正有一個位置特定的中心——似乎是謬誤的。相反的，我以為並沒有所謂的中心，只有局部性「具支配作用的」和「邊際性的」模式。這些模式都是在歷史編纂中**所構成，且必須由歷史編纂的角度解讀。對於我們全體而言，斯基德斯基和他所據有的特殊論述（這些論述也「據有他」，也就是說：使他成為他那樣的歷史學家），決定他的立場，而如果我們對於各種立場的意識形態性質看法正確，也就可以說所有的立場都具有意識形態的。還記得沒有任何歷史不是為某人所寫的？現在讓我們再來談談偏見的問題。

---

＊　編按：蘇聯對二次大戰的官方名稱。

＊＊　校按（盧）：亦即由史家的主觀選擇。

## 論偏見

歷史（和歷史學家的）偏見的概念隨處可見：在學校、在無數歷史課程大綱的「目的／目標」中、在高等考試中、在各大學，以及事實上在對所有歷史教科書的評估中。在檢閱文件、原始和二手資料和證據時，大家都公然指明它或心照不宣的假設它。實際上，偏見（及其發現）被視為十分有意義的一件事。但是它是嗎？以下讓我提出一個五段式議論[10]。

首先，只有在對抗「無偏見的事物」（也就是某種客觀性、甚至真理）時，偏見才具有意義。無偏見的事就好像在玩保齡球時，球跑的方向能夠準確不偏一樣。（你已經能看出「偏見」的問題了嗎？）

其次，在歷史著作中，偏見最經常出現於經驗論者的歷史，也就是某種特殊類型的歷史。經驗論者的歷史，深信可以客觀性地重建過去。通常，這位歷史學家利用原始的資料，把它們建構成證據，並審慎地加以註解等等。而後根據這些證據寫出引經據典的記述。當然，像艾爾頓這樣的經驗

---

10 這個議論大半是取自詹京斯、布瑞克雷，〈論偏見〉，收入《歷史資料》（K. Jenkins and P. Brickley, 'On Bias', *History Resource*, 2, 3, 1989）。

論者，知道不可能有確定的記述，但他們仍然以此為目標。他們所希望的乃是讓事實「為自己說話」，不受大批作腹語般*（以及可能具有偏見的）歷史學家的修飾。

因為這種研究辦法在其中心具有客觀性，因此偏見在其中具有意義。在此，偏見意謂歪曲資料附會某種議論，扣留文件，偽造證據……

但是，接下來的第三點是：歷史可以不是經驗論的（在此，你只需要回想馬維克的二十五種方法）。因而，比方說，歷史可視為群體和階級藉著據歷史為己有而賦予其意義：例如，過去可以根據馬克思主義者、右翼激進分子、男女平權主義者等等的立場，而做符合其意義的解釋。當然，在每一種這樣的解釋之中，都有為了查證其所列舉讀物是否可靠（註釋中所舉參考資料等等）的機制。但是在這些論述中，「偏見」一字很少出現。比方說，在馬克思主義中，我們可以看到許多提及不同黨派路線的地方：我們可能讀到唯意志論者或唯經濟論的傾向、葛蘭西派（Gramscian）或阿圖塞派（Althusserian）的見解、托洛斯基派（Trotsky）的偏離意見等等。但是，作者不稱這些路線為偏見，因為大家都知道葛蘭西派對於過去的運用有異於唯經濟論的馬克思主義

---

* 校按（盧）：亦即將自己的話隱藏起來，像是從別人口中講的一般。

者，那麼說葛蘭西是對事實帶「有偏見的」有什麼意義呢？對什麼不具偏見的記述來說它是「有偏見的」？對托洛斯基派的記述來說？還是對布爾喬亞階級的記述來說？

第四點。如果把歷史視為一系列各具立場的見解，那麼，顯然就沒有我們可藉以判斷偏見程度的標準。事實上，這個字做為一般性的使用時，可以說是沒有什麼意義的——例如，說男女平權運動者是具有偏見的，因為他們只需要問：這一判斷是否是出自父系社會的立場。問題尚不止此。經驗主義者所謂的一個人可以藉著審慎的注意「資料怎麼說」而發現偏見並予以消滅的說法，因資料本身不能說話的事實而沒有多大的意義。明確表達「資料說」什麼的，是歷史學家。你看，不是有許多歷史學家（各以其自己誠實和審慎的方式）使用同樣的資料，卻寫出不同的敘述嗎？歷史學家不是都有其自己的許多故事要說嗎？

因此，第五點便引發出一個問題及其答案。問題是：果真如此，果真偏見最能發揮意義是：(1)在經驗主義的敘述中，(2)當所謂的通過某種由資料主導的記述而獲得真理的說法有問題時；以及(3)像「男女平權主義者只不過是具有偏見者」這樣一竿子打翻一船人的說法沒有什麼道理時，那麼，為何「偏見」一字廣泛為人所使用？我認為答案是：

1. 偏見對經驗主義的模式來說具有重要的中心位置。

2. 這個模式（假設讓事實為它們自己說話）並不是在邏輯上或必須性上，而在歷史學上（可能而不一定）與自由主義有關聯。於此我們學著對事件進行裁判、估量，並同時由事情的正反面進行觀察。我們在此可以為了過去而研究過去（為了對過去的愛好），因為它顯然可以獨立說話。這個模式藏匿在中學、學院、大學中……它是在我們社會組織中具有支配性的模式。

3. 因為這個模式是具有支配性的，它的行為好像代表著它做事的方式是唯一的方式：它使自己普遍化。但是在這樣做時，經驗主義不僅將其（相對的）成功普遍化，也將其失敗普遍化。如我們所知，經驗主義主要的問題在於，在其對真理真確性的堅持中，它認知到它所謂的真理終極便是「解釋」。它不願面對這一點。因而，為了要遮擋這個實情，它遂堅持真實記述的觀念，強調如果能夠發覺偏見而且予以掃除，這樣的真理是可以得到的。但是，如果每一件事終極都是解釋，如果一個人的偏見是另一個人的真理，那又如何？因此，偏見的問題特別是經驗主義者的問題。但是因為它是具有支配性的研究方法，它的問題好像就變成每個人的問題。但其實它們不是。當然，我們必須強調，其他的論述也有其本

身內在連貫性的問題，但是它們表現的方式卻不是偏見。

總的來說，即使偏見的概念只有在某些地方是有問題的，研究我們文化的學者卻可能到處都會遇見它。如果要使用偏見和每當在使用偏見時，都應當明確和局部性的使用（事實上，通常是意識形態的）。在別的地方，由於那些構成歷史的事物有不同的建構方式，因此對於真實性核實等這類問題的處理方式也隨之不同。

## 論神入

「神入」一辭，你以前一定看過[11]。它的定義是：一個人必須對於古人的處境和觀點有設身處地的感知，以便對於歷史有真正的了解（由過去的觀點看過去）。在此，基本的問題是：神入果真可以辦到嗎？如果辦不到（我便是如此以為），那麼，為什麼這種不可能的嘗試，對我們來說這麼重要？下面我對「神入」這個問題的研究，先是說明為何我認

---

11 本節的要旨乃取自詹京斯和布克雷，〈論神入〉，收入《歷史教學》（'On Empathy', *Teaching History*, 54, April 1989 ）。

為有效的神入是不可能的。其次，我將檢查使「神入」研究
變得如此重要的各種壓力。而最後，我將提出某些結論性的
想法。

　　我認為之所以無法神入的理由有四。其中兩個是哲學上
的，兩個是實際上的。

　　由維根斯坦等人所提出的「他人的心靈」（other minds）
這個哲學問題 [12]，是在研究我們可不可能進入另一個人的思
想之中，那個人是我們所熟識的而且就在身邊。他們的研究
結論是不可能。然而，歷史學家自來都忽略了此一結論。提
問題時所根據的假設，是認為我們可以進入許多不同人的思
想之中，甚至進入我們不可能十分了解，而且在時空上遠離
我們的人的思想之中。

　　這又牽涉到第二個哲學上的問題。因為我們在神入中實
際上忽略的一點是，在每一次溝通的舉動中，都進行著轉化
的行為，而每一次的語言動作（語言—動作），都是一次
「隱私之間的傳譯」。而當這種傳譯的動作不是在此時此地
「你我」之間，而是在他時他地「我們他們」之間，那麼這

---

12 維根斯坦，《哲學研究》（L. Wittgenstein, *Philosophical Investigations*,
　　Oxford: Blackwell, 1983）；瓊斯，《私有語言爭論》（O. R. Jones, *The Private
　　Language Argument*, London: Macmillan, 1971）。

項工作便有了極大的問題。而歷史學家是帶著他們自己的現代頭腦進入所有的過去事件中。如史坦納所云：

> 克羅齊（Benedetto Croce）所謂「所有歷史都是當代史」的格言；直接指出過去式在本體論上的弔詭現象。歷史家已逐漸覺察：敘述的習慣以及他們工作上所處理的內蘊的真實，在哲學上來說是脆弱的。這一困境存在於至少兩個層次上。第一個層次是語意學上的。歷史學家據以研究的大半資料，是過去人所說和關於過去的言辭。由於語言學上的改變永遠在發生，不但在字彙及句子結構上如此，在意義上也一樣，歷史學家當如何詮釋和傳譯他的資料？在閱讀一份歷史文件、整理從前文字歷史的敘述模式，以及詮釋在遙遠和較近過去所發生的「語言─行動」時，他發現自己愈來愈成為嚴格意義上的真正翻譯者。而他從中所得到的意義，必須是「真實的」。歷史學家將藉什麼樣比喻性的戲法工作來進行呢？[13]

---

13 史坦納，《巴別塔之後》，頁 134-36。

　　對我而言，史坦納的看法似乎是很基本的。他們繼續強調進入其他的時代心靈是如何不可能：「當我們用過去式的時候……當歷史學家在『製造歷史』（因為事實上這便是他在做的事）時，我們所依靠的是我所謂的『根本性的虛構』。」[14]（這就是構成歷史知識的「當代和絕對具支配性的」假設。）

　　那麼，由於天底下不存在對過去不帶預設的詮釋，由於對過去的詮釋是在現在所做成的，歷史學家不太可能脫除他的現在特質而按照別人的條件觸及別人的過去。這是伊戈頓在《文學評論和意識形態》（*Criticism and Ideology*）一書中所得到的論點。在該書中，他為文學批評家提出同樣的問題。文學批評家的工作，似乎是在告訴我們當前所研究的文本是關於什麼，使它能夠比較充分地被人了解，以便更易於閱讀。但是，伊戈頓問道：在幫助讀者了解得更透徹時（正如歷史學家公認的任務是使我們對過去有更好的解讀），詮釋者（歷史學家）的軀體如何能不擋住道路？下面是伊戈頓談論解讀文本的問題——方括號中的字是我加的：

　　　我們除了視文學批評「歷史」為一門良性的學問

以外，很難再把它視為什麼別的。它似乎是源於自發，它的存在是自然的：由於有文學［過去］——因為我們想了解和欣賞它——故而也有文學批評［歷史］。……但是，做為文學［過去］婢女的文學批評［歷史］，在所有地方都妨礙了這樣的了解……如果文學批評［歷史］的任務，是在於調停文本［過去］與讀者間的溝通問題，使文本更完善以便容易消化，那麼，它將如何避免將它自己笨拙的軀體介於產品與消費者之間、如何免於「遮蔽」了它的目的？……文學批評［歷史］在此似乎陷入不可解決的矛盾之中。[15]

以上便是神入所面臨的一些哲學上的問題：「隱私間的轉譯」、「過去式的本體論弔詭」、「在心態上屬於現代人的歷史學家如何可以摒除使他／她成為現代人的所有干擾因素」，以及「回到過去」。除了這些問題以外，神入還有兩項實際的困難有待克服。

第一項困難讓我們想起第一章中關於歷史的「理論／實踐」討論。在理論上，歷史學家是在各種認識論、方法論和

---

15 伊戈頓，《文學評論和意識形態》，頁3。

意識形態的預設之內工作，而我們也已看到製作歷史的實際問題（長週末、工作上的壓力、出版商、文體⋯⋯），這些都銘刻在（和寫入）歷史學家自己的思想中。那麼，這樣的（也就是最初使歷史學家可以由歷史的角度想事情的）東西如何可以去除，以便他或她可以「用過去的觀點」思考「過去」？

如果我們將剛才提出的幾點意見轉移進課堂「情境／考試」之中，則產生了我們可以考慮的第二個問題。讓我們想像我們正面對一個神入的問題。我們要嘗試和神入克倫威爾（Thomas Cromwell）想要改革都鐸（Tudor）政府的意圖。他所看到的是些什麼問題？他對這個情勢的看法為何？

我們這些學者，或許會讀到關於克倫威爾的事，我們或許會再讀到艾爾頓或其他權威學者的著作；我們也可能讀到與這場辯論有關的各種文件。我們可能不同意某些詮釋（進入這場辯論），但是如果我們逗留在其中，則我們就必須面對這個辯論的領域。於是，問題來了──克倫威爾的意圖是什麼？我們無法直接神入克倫威爾，因為我們是間接（透過艾爾頓）接觸到他，因此，我們主要是神入艾爾頓的而非克倫威爾的思想。當我們需要將克倫威爾的意向放入產生意義的脈絡中時，這一點尤其應被強調。因為，如果在（比方說）教育機構中，大半的脈絡是在歷史課堂上提供的（教師

也是由艾爾頓那裡得到這個脈絡），而且如果這是你們做為學生的人大致上僅知的脈絡（並且，如果你們當時一直在靜聽，正確的傳譯教師的語言行動，以及如果你們現在還找得出筆記來讀的話），那麼，要求你們將克倫威爾放進十六世紀早期的脈絡中，實際上是要求你們將他放進你們的課堂經驗中。在此，我們神入的是教師腦海中的種種（由課堂中的各種偶然事故做為傳遞媒介），也就是說，神入隔了好幾層的艾爾頓。如果這是一場考試，那麼，外來的考試委員對如此而得到的答案的檢核，是以自己的思想為根據的檢核，如此這般。

因此，基於這些哲學上和實際上的原因，我不認為一般所了解的神入是可能的。透過許多批評性的閱讀，歷史學家得到「嘗試性的了解」，但這是另一回事，而在得到這樣的知識上，神入可能沒有什麼作用。但是，我在此想要提出的卻是不同的一點意見。以我所能了解，我們之所以談神入這個問題，並不是為了給你嘗試和進行神入的機會，而是為了另外的理由。我們所以神入，不單純是出於認識論和方法論上的理由，而是因為三種不同的壓力：一種壓力來自學校教育，另一種壓力則來自學術的趨勢，第三種壓力顯然是意識形態上的。

我們先看一看學校教育的壓力。這個壓力大致出現於

「關涉」和「自己牽連在內」的教育觀念——由小學率先開始而後推而廣之。有些教師曾讓我們想像自己是一隻狐狸、一片雪花，或一位國王。這樣的要求，是為了讓學生設身處地，將教學和學習個人化。而後，從小學到中學，隨著理解力的增長，隨著教室組織和紀律所導致的問題，一般的趨勢已走向打破分級制度（能力分班等），並正朝向一視同仁的授予每個人上相同（所有）課程的權利。今日，這種教學（教—學）的個人化，導致個人化的評估程序（為個人所設計的評估），而在某些方面，這個過程的終點便在眼前：個人的描繪和自我「確定的／商訂的」成就紀錄，象徵著分級（只限一次的）考試（頂尖的人、成績最差的人）的末日。因此，在這種民主化的體系中（所有的學生將其同樣有效和受重視的意見帶到學校），必須給他們表現的機會：他們對過去的想法是什麼，對他們而言歷史是什麼，他們的解釋是什麼——讓他們試試，並把他們自己放在（他）中古君主的思想系統之中。這是訂做的課程表，量身訂製。在日常習慣中這是個人任務的世界、私人研究、個別工作表、私人題目、學位論文的世界。這樣的研究方法溢入學術性的工作。

　　第二種壓力是學術上的壓力。在英國，這種壓力重重地倚靠在歷史學家柯靈烏對歷史的特殊看法（理想主義

idealism）*上。簡言之，柯靈烏主張所有的歷史都是思想史。在柯靈烏自己的複雜論述中，這顯然不是一個容易把握和使用的概念。但是當我們概略說明以後，它卻又相當容易了解，尤其是因為它的大半議論今日已是大家所熟悉的。

　　以下便是柯靈烏議論的概述。人類是語言的動物。事物通過語言而被賦予意義。這些象徵性的符號（語言）乃是指涉這個世界，但是語言文字和世界卻絕對不同。在不同的社會結構中，在不同的文化中，人們自古至今都說著不同的話：過去是一個外國（the past is a foreign country）——人們在那兒說著不同的語言。如同史坦納所云：

> 　　不同的文明、不同的時代，不一定產生同樣的
> 「語言體」。有的文化說得比另外的文化少。有些感
> 性的模式珍視沉默和省略，有些則酬以冗長和語意
> 學上的裝飾。[16]

　　因此，比方說中古世紀的農夫或八到十世紀間掠奪歐洲西海岸的維京人，其實際或可能的字彙，與今日相較，是不

---

* 譯按：或譯唯心主義。

16 史坦納，《巴別塔之後》，頁 18。

同義的。因而，要了解中世紀的農夫或維京人，便需要透過研究其所留下來的遺跡去了解他們的談話。這些遺跡——田地模式、教會紀錄、年代紀等——顯示他們的意向關懷，具體表現這些人的需要，他們為了某些事物而需要這些。實際上，對柯靈烏來說，了解歷史是了解為什麼這些人需要的是這些而不是別的。簡言之，所有的歷史是關於他們心中所想的事物的歷史，因而全部的歷史便是思想的歷史。因此，為了要取得歷史知識，我們必須進入這些文化遺留和遺跡之中，進入給它們注入生命的那些頭腦，像那些頭腦一樣地看事物。所以對於許多歷史學家來說，神入研究方法之所以正當，乃是由於理想主義的壓力，由各種不同方式建構成的壓力。而且事實上對某些歷史學家來說，這種學術議論便是神入的真義。但是我以為還不止如此。因為神入乃由學校教育及理想主義所產生，但需要意識形態予以完成。而且這一點非常重要。因為神入的主要特徵是見於意識形態。這種意識形態是自由主義的，但不是隨便哪一種自由主義，而是那種可以溯源到彌爾（J. S. Mill）「互惠性自由的理念」，而且可以由有關它的簡略摘要進行最佳的詮釋。

　　彌爾式自由概念的中心要旨，是只要一個人做事的方式不剝奪到別人的自由權，則他（她）可以想做什麼便做什麼。為了要計算自由權的剝奪是否會因任何行動而產生，一

個人（原動）必須想像行動的後果會是什麼，必須把他（她）自己放在別人的立場上，去了解別人的觀點。在此同時，這類的計算必須合理而且可以普遍化，對於所有牽涉在內的人都能合理的互惠。因為，如果受到傷害的人一旦有機會報復原動者，則將會造成相互的傷害。因此他主張以實際的衡量，平衡的觀點，兼顧正反面（一方面—另一方面），以及排除任何極端方式，做為行動的合理選擇。

因此，在「使自己設身處地（置身別人過去的處境）」、「由別人的觀點看事物」、「理性的評估他們的選擇」，並且「心無偏見」等要求的背後，便是這種研究方法──合乎理性、考慮別人的看法、衡量各種選擇，及一旦採取極端行動（極端主義）可能導致的痛苦後果。

於是，這項工作的中心，便是理性和平衡。在此，「神入」將所有合乎理性的人吸引到中央。在此，自由派的意識形態在發生作用，試圖將我們調教為自由主義者。因此，我們很難說這樣的做法會產生它表面上所欲達到的目的──了解歷史。事實剛好相反。因為這種研究方法是將非常局部性和有時間限制的意識形態在時空上普遍化。自由主義，從利害關係本身考慮，因而將彌爾自己的想法放進所有人的腦海中（包括中世紀的農夫和維京人。這些人不懂自由主義，不幸也從來沒有機會拜讀彌爾的著作）。

這是具有諷刺意味的。唯一將過去的人（他們和我們非常不同）置於我們控制之下的方法，是讓他們和我們一樣，處處受到合理的計算和自由主義的風格所驅使。在這個議論——亦即這是取得歷史性思想方式的精髓，簡直就是將時代倒置。

因此，學校教育、理想主義和意識形態構成了神入，而這三種壓力不容易和平共處。使個人牽涉在內的教學方法，把重點放在大多數史家認為可疑的、「虛構的」想像力上；而理想主義（強調過去的奇異性）和自由主義意識形態（強調「人類／經濟人風格的人性」的連續性）之間的問題，在於二者對於如何（和為何）可以取得對過去的「知識」有著相當不同的看法。而事實上這最後一點，有助於解釋何以在本書關於「歷史是什麼」的討論中，神入會佔去最大的篇幅。這種意識形態的討論需要為人所了解，以便可以看出它到底是怎麼一回事，而這些事為什麼會有這麼大的政治上的利害關係。

如前所示，嘗試進入過去的差異面的企圖，對於理想主義者來說，便是歷史研究的核心。但是這需要運用一些想像力，不論一個人是如何因為對那段過去的了解而變得充實；而對這種想像力的強調，正是其被攻擊的弱點。攻擊主要來自自由和右翼的經驗論者。因為他們認為（如果我可以綜合

來說）神入基本上是在浪費時間。經驗論者的立場，是想要發現「事實」，並藉這個方式「了解」過去。但是他們也知道大半的事實都不見了，因而知識終究是無法捉摸的。因此，為了充實他們的敘述，他們也不得不運用一點想像（詮釋），來填滿空檔。此處的問題是：如果過去的人以各種古怪的方法想事情，那麼，歷史學家如何能正確的加以想像？答案自來是否認過去人的奇異之處，並且強調「人性不變」的道理，也就是說：去掉其文化之後，在基本上所有的人現在是、自來也是一樣的。這樣便能正確的填補這個空隙，因為你的根據的假設是：若拋開其文化拘束並據天性而行動，那麼在面臨同樣的處境之下，所有人的舉動都可以預測。因此，你不需要神入，不需要理想主義，因為那些構想鼓勵你去想像過去的人永遠受著文化的約束，向來不是自然的，因而你永遠無法真正知道他們在想什麼。

從自由派右翼經驗論者的立場來說，這便是問題的所在。其原因有二。首先，它可以導致相對主義的懷疑論。第二，它可讓今日的人想像其他（可普及化）的回應乃是由過去的人所做出來，例如社會主義者。事實上，大多數有關神入的辯論，都是與這些對「左翼解釋」的批評牢不可分；那些永遠存在的想像空間，是否可用正確的「人性」填滿。以下便是我自己對這個問題以及神入的看法。

　　我認為過去的人，其所賦予其生存世界的意義，和我們所賦予世界的意義十分不一樣，而任何視他們和我們完全一樣的企圖，都是沒有根據的。我指的是，哪一種人性是你想挑選的？我不以為這一點必然會導致對於了解「歷史」的懷疑，因為再說一遍，當我們在研究歷史的時候，我們不是在研究過去，而是在研究歷史家如何去建構「過去」。在這個意義上，過去的人與我們到底是有相同的或相異的本性，不但不能決定，而且也不構成問題。在這種意義上，過去並不參與其中。我們真正需要的，是確立歷史學家對過去的預設內容。因而，比較有建設性的辦法（雖然終極是不可能的），是嘗試進入歷史學家的腦海，而非活在過去的人的腦海（而嚴格的說，他們是經由歷史學家的腦海而出現）——這是本書從頭到尾鼓勵大家去做的事。所以，不是「所有的歷史都是過去人思想的歷史」，而是「所有的歷史都是歷史學家思想的歷史」。

## 論一手資料與二手資料；論資料與證據

　　談論一手資料和二手資料的文章很多。顯然，在一手資料（過去的遺跡）和二手文本之間有著不同的差別。然而，在二手文本顯然可當做一手資料使用的地方，你將會看到這

種差異在二手資料的層次上崩解。因此，比方說湯普森的
《英國工人階級的形成》（ *The Making of the English Working
Class* ），可以當做工業革命若干方面的導論閱讀，也可以拿
它來研究五〇年代晚期和六〇年代早期，像湯普森這類馬克
思主義歷史學家對工業革命的看法：同樣的文本，不同的使
用。但是，如果這是顯而易見的，那麼我為何要在這裡談論
一手資料和二手資料呢？問題的所在為何？

　　下面便是問題的所在。我曾說過我們永遠無法真正知道
過去。我們沒有中心，沒有可賴以糾正事物的「更深一層」
的資料（沒有次文本）：所有的資料都放在檯面上。如我在
第一章中所述，在做研究工作時，歷史學家不「下行」而
「跨行」，在建構其記述時，由一組資料側行到另一組資料，
有效的進行比較性質的工作。如果不了解這一點，如果你用
「資料」一字而非「遺跡」（ trace ）一字，如果你指有些這樣
的資料為一手資料，而且如果有時你用「原始」一辭代替
「一手」一辭（「原始」當然是指基礎／根本的資料），這表
示如果你用原始資料，因為原始資料似乎不是偽造的（與二
級／二手資料相反），那麼你便可以得到真實而深刻的真知
識。這種做法使得原始資料得到優先的地位，造成盲目崇拜
文件檔案，而且扭曲整個製造歷史的工作過程。歸根究柢，
這是對於真實的永續追尋，這種追尋在對神入式了解的渴望

中也很明顯——想回到原本那個人真正的思想之中，以便他們的看法中不致攙入我們的看法。

如果我們沒有這些構想，如果我們從對確實性的欲望中解放出來，如果我們不必再以為歷史是建築在對一手和紀錄性資料的研究之上（歷史工作只是在研究這些，而由這些原始的資料我們可以裁判日後歷史學家的異議），而後，我們便看出歷史是我所簡述的這些認識論、方法論、意識形態和實際操作的混合物。

在說完這些之後，我們便不需要再花時間辯論證據，事實上，如果不是因為「證據的問題」仍然是「卡耳—艾爾頓爭論」的一部分，那麼它根本不需要在這個階段上耽擱我們——此一爭論仍在起作用，仍在討論歷史性質的導論課程中引起問題。

然而，目前的問題是：是過去的證據，如艾爾頓所云，以無法抵抗的壓力迫使歷史學家允許它替自己說話呢？或是那些現在已被解釋為絕對無法出聲的資料，需要嚴格的由那些歷史學家予以明確表達，那些歷史學家把自己的聲音加在證據本身之上，有效的使證據啞口無言。再一次，問題的所在是：「過去」允許歷史學家以什麼樣和什麼程度的自由進行詮釋。這一次是「證據的問題」。

這個問題可以由兩個途徑予以考慮。第一個是視卡耳—

艾爾頓對問題的解釋為基於初步的語言學上的混亂。第二則是以富有建設性的不同方式重新闡釋「過去」和「歷史」之間的區別。

這種關於證據的特殊辯論，之所以是基於措辭上混亂的原因，是因為證據一辭被（尤其是艾爾頓）不分青紅皂白地，用在出於不同脈絡中、應該被視為和稱為不同事物的事情上。艾爾頓使用證據一辭，去描寫歷史學家進行研究時所用的資料（「證據在資料中」），而事實上他應該稱它們為「過去的遺跡」之類，然而，因為稱這樣的遺跡為證據，艾爾頓讓我們覺得（而且當然也想讓我們覺得），這種純粹的證據總是已經將它們自己組織進潛伏性的解釋。因而，當找到和蒐集了足夠的這類證據時，這種「以證據為根據」的解釋本身便可以一目了然，不管卑微的歷史學家的偏好是什麼——這些歷史學家在職業上「屈服於它們的勢力」（這是不尋常的隱喻，但是就一個人有責任尊重「過去」的至高無上權威這一點來說，這是可以了解的）。另一方面，激進得多的卡耳，認識到整理過去的遺跡的人是積極的歷史學家（因而也應當居功），而這些遺跡所可能支持的解釋，有賴於史家所用的整理方法。因此，根據卡耳的主張，當一個遺跡被用來支持一種議論（解釋）時，它才成為「證據」。在此以前，它雖然存在，卻只不過是過去一件沒有用過的東西。

這個主張我完全同意，它也澄清了被艾爾頓式名詞所污染的立場。不過，在「這場辯論」的範圍之內，卡耳的立場之所以不被認為是結論，而且部分造成了這場辯論的持續不斷，主要是因為卡耳自己有時在他應該保留「資料」（遺跡）一辭的地方，使用「證據」一辭。因而，他便將自己置身在一個荒謬的位置：他顯然一方面主張在它被使用之前證據便在那兒，另方面又主張它只有在被使用以後才真正的成為證據。因而，走出「卡耳—艾爾頓辯論」的方法，便是要前後一致，而不模稜兩可的使用「證據」一辭。我的意思是說，我只記得顯著的幾點：(1)過去的確曾經發生；(2)它的遺跡仍然存在；(3)不論歷史學家是否找到它們，這些遺跡都在那兒；(4)當某些這樣的遺跡，被用做某種議論（解釋）的證明時，才用「證據」一辭，在此之前不用。因此，證據——而非遺跡——永遠是歷史學家論述的產物。因為在明確表達這種論述之前，證據（歷史）並不存在，在此之前，只有遺跡存在（只有「過去」存在）。

現在，我們可以談談解決證據問題的第二個方法。或者更正確的說，藉著重寫上節所提出的意見和對「過去」與「歷史」的區分的再研究，我們可以強調卡耳式的議論——也就是說，「過去」對於「歷史」的把握，事實上是歷史學家對於「歷史」的把握；而「過去」本身，由於是在論述建

構之前，對「歷史」簡直沒有過問的權利。

　　這個議論——經過引申之後，使卡耳—艾爾頓的辯論更為精確——與艾爾頓實際所主張的相反，單是過去自身的證據，在邏輯上並不能為歷史學家的自由運作進行監督。因為，「過去」的證據是由論述所構成，是論述的結果，不能做為論述的原因，或論述形成之前的檢驗。羅蘭·巴特在《歷史的話語》（*The Discourse of History*）中，曾經就這相當困難的一點加以解釋。巴特攻擊那些想要發表由真實（真正過去）的原始證據所保證的「真正」記述——在此處是指艾爾頓。巴特批評這樣的歷史學家是在變戲法。他們將論述所指陳的對象（歷史學家所指的事物），投射到論述的範圍之外，從這個立場上它是早於並可以決定論述的，但事實上最初卻是論述安排它成為論述的對象。照巴特的說法，這種弔詭支配了歷史論述的特點：「這種事實（證據）只有語言學式的存在，只是論述中的一個措辭，然而它卻那麼真確，好像這種存在是處於『真實』領域的另一個存在的副本。在這種論述中，歷史學所指的事物在論述之外，卻永遠不可能在這種論述之外得到。[17] 我們就談到此。

---

17 羅蘭·巴特，收入阿垂吉等編，《後結構主義和歷史問題》（Roland Barthes, in D. Attridge et al.[eds], *Post-Structuralism and the Question of History*,

## 論對語：因果關係等等

　　此處所指的對語，是因與果、連續與改變、相似與差異。在此我打算質疑的，並不是一般人毫無疑問的視它們為「心臟地帶」的概念（這個議論我已經反駁過），而是更深一層的普遍假設——那種毫無疑問的使用這類概念的假設，亦即幾近是依照慣例的輕率斷定，比如說，一個事件的因果之類的現象。事實上的情形並非如此。雖然這些對語據說是歷史學家一直在使用的，但他們是否能十分嚴格的使用它們卻極端可疑。因此，我將只研究一個這類的概念——因果關係——並且提出一些相關的問題，這些問題爾後用在其他的概念上。

　　讓我在一開始的時候，以提出一些問題的方式來引出這類問題。當有人告訴你說歷史學部分是關於歷史學家找出過去事件的「原因」的方法時，他們有向你提出那些因果解釋的理論嗎？馬克思主義的、結構學派的、現象學的、詮釋學

Cambridge: Cambridge University Press, 1987），頁3。如我們在「論證據」一節中所見，艾爾頓的看法和巴特及我的看法相反。對於艾爾頓所言「一團歷史知識」和幾乎沒有問題的「事實和解釋的確切知識的累積」，見艾爾頓，《做歷史工作》，頁84-85。參照史丹福對歷史證據和解釋的論述，見《歷史知識的性質》，尤其是第五章。

的，或任何一種？當你按這些因果因素可能對於某一事件施加的不同影響力拼湊它們時，當問到它們彼此之間相對的影響力時，你將如何予以辨別？如果現在有人請你解釋西元1789年法國大革命的原因，你將怎麼辦？

接著，想一想這個問題：「為了要令人滿意地分析1789年事件的必要和充分原因，需要回溯到什麼時候？需要談到多遠呢？」

你如何回答這個問題？馬克思主義告訴你了嗎？「結構─功能主義」告訴你了嗎？年鑑學派的研究方法告訴你了嗎？

如果上述這些方法之中有一個給了你答案──比方說，如果馬克思主義設計了一個處理的辦法（粗略的說，在階級鬥爭的主題之內，經濟條件必須被視為決定上層建築的因素；粗略的說，藉由牽涉到方法論上的抽象概念等等）──那麼，你怎麼在細節上使用它？例如，你將（必須）追溯經濟學的影響力到多久以前（1783、1760、1714、1648）？而且，在經濟學這個範疇中究竟包括了些什麼？在經濟這個領域中，你將如何知道它的某些方面發揮了決定性的作用，而後又稍事蟄伏，在「最後的階段」做下決定？再者你的解釋應該觸及到多遠：法國可以比喻為一個島嗎？還是無可逃脫的將陷入一般歐洲的軌跡之內？十八世紀時，所謂的歐洲指

的是什麼？美洲也算是歐洲嗎？再說，你如何度量像經濟上、政治上、社會上、文化上、意識形態上的因素，其彼此間互相滲透的層次和程度？這些類別中又各包括些什麼？還有，你的分析將依靠日常的偶然性到什麼程度？例如，有哪些資料可用？用多少次？別人給你多少時間？你又給自己多少時間來回答這個問題等。再說，在「滿意」、「必要」、「充分」和「分析」等條件下，潛在著怎樣的哲學地雷區和預設的定義？種種等等。我的意思是說，你如何開始應付單是這幾個明顯問題所指出的因果因素和分析上的複雜性？這些問題又將止於何處？

在目前，你可以說：可是事實上我們並沒有碰到那樣的問題，我們的問題比較直截了當，如「法國大革命為何發生於 1789 年？」雖然這大致是有關 1789 年的典型問題，但在它們的後面，卻是我所提出的那種問題，也就是：「為什麼發生在 1789 年」這個問題，指的是「1789 年事件的原因為何」？這樣的原因，顯然是一個向後延伸和向外延伸的無限連鎖。為了要提出充分和必要的解釋，你必須有一些合乎邏輯或明確的切入（或「切出」）點。可是沒有任何方法也沒有任何經驗，可以提供你這些切入和切出的點。

這個問題是不會消失的，因而你該怎麼辦？我認為，大致說來，真正在運作的辦法，便是仿照別人的做法。也就是說，

你知道你對 1789 年這個問題有大致令人滿意的答案,因為你的答案看上去和其他討論這個問題的人的答案相似,只有多一點或少一點的失誤和別出心裁。學歷史大致上是去學習其他已經在這個遊戲(這個行業)中的人如何玩這個遊戲。就這一點來說,學歷史好像是操一門行業,好像是當學徒。你之所以知道你的分析令人滿意,是因為你的分析是根據了宗匠們已發表的二手著作,如書籍、學術報告、論文 —— 像霍布斯邦(Hobsbawn)、韓普森(Hampson)、夏瑪(Schama)這樣的宗匠,也嘗試解釋 1789 年。因而研究歷史,一般來說,在理論上並不十分嚴格,即使是在嘗試「解釋事件何以發生」這類最重要的問題時,也是如此。很少有高等中學或大學部的課程,有系統和深入的探討若干方法論上的問題——這種問題對那些嚴謹的歷史家而言,伺機待發。自然,所有的課程都能「做」也應該「做」,而本書從頭到尾,我都在註解中提到探討方法的各種典籍。經過上述的分析之後,我們應該不會對這種「訓練」上的「空白」感到驚異。如我在第一章中所提到的,具有支配性的論述,對於方法論上的清晰探求沒有太多的興趣,因為方法可以在「做正當的歷史工作」時得到(老天爺!)。(所謂「做正當的歷史工作」,據神話式的說法,即在設法解釋過去所發生的種種之時,要做到對於一手資料中所呈現的和某些二手資料所脈絡化的事件的精確重建,要做到盡量壓制解釋的

衝動，要做到在敘說中指出哪些地方只是陳述事實，哪些地方
是在解釋事實，這樣，一個人便自然而然的能學到該做些什
麼。[18]）其實不然！具支配性論述所感興趣的（不過此處又不是
永遠有意識的），可說是傳播某種歷史文化（它以之為唯一的
歷史文化），因而要緊的是：在經過對這種偏好加以學術性的
精緻化後，你開始有效的因襲這類學界人士。在歷史的各個層
次上，你被引入一種特種學術論述中；在這種學術論述中，最
要緊的，是你有將它內化成自己的一部分並把它寫下來（傳承
下去、通過「測驗」）的能力。伊戈頓在描述文學的學術研究
主要是什麼時，說道（此處的「文學」可以解讀成「歷
史」）：

> 在文學研究上被政府檢定合格（高級考試、學位
> 等），代表的是用某種方式說話和寫作。目前教
> 導、考核和檢定的是這個：沒有人特別注意你說些
> 什麼……只要你說的方式能配合某種特殊形式的論
> 述，也在這種論述中明確表達。……那些受雇教你
> 這種形式論述的人，會一直記得你是否有能力表達
> 它，即使他們早就已經忘了你所要表達的內容。

---

18 見懷特，《論述的轉喻》，頁 52。

　　因而，文學理論家、批評家和教師，是論述的監
督人。他們的任務是保存這種論述，引申它，並視
需要踵事增華……將新來者引進它之中，並決定他
們是否已成功的掌握了它。[19]

## 歷史學：一門科學或一門藝術

　　關於歷史是一門科學還是一門藝術的辯論，目前仍是
「歷史學性質」辯論中的活潑論題。它是十九世紀意識形態
的產物[20]。十九世紀時，許多人主張科學是通向真理之道，
而持這種想法的人，由蘭克（Ranke）到孔德（Comte）到馬
克思都是。但是，沒有人像馬克思這樣堅持歷史的科學性。
因此，自馬克思派社會主義開始自稱（也被人家稱為）「科
學的社會主義」那刻起，資本主義的理論家便刻意削減科學
本身的價值，不讓左翼人士那種科學的／確定主義者的主張
太過囂張。他們在這樣做時得到一些成功，不過卻掘空了他
們自己所想要或需要的任何科學基礎。

---

19 伊戈頓，《文學理論》，頁 201。
20 關於歷史與科學這個題目的導論，見嘉德納，《歷史的理論》（P. Gardner,
　　*Theories of History*, London: Collier-Macmillan, 1959）。

這樣一來的結果，加上引入太多浪漫派藝術家對科學的反感，遂使得歷史愈來愈被認為是一門「藝術」[21]。可是，當他們被迫完全接受自己只不過是另一種敘述性的論說，被迫承認他們只是通過各種修辭上的設計、比喻等方式在整理過去時，歷史學家抗拒了，投靠到「歷史畢竟是一門半科學」的看法中，因為歷史學家的材料不適於任意的藝術性處理，而且他們敘事的形式和內容不是出於選擇，而是由於「歷史材料本身性質」的需要。於是，被喧鬧著踢出前門的科學，又被不熱心的由後門引回來。其結果是，在「科學與藝術」之間的擺動，至今仍是主流歷史學內部問題的一部分。

在這方面，歷史有一點孤立，因為與它接近的其他論述中的理論家，無法同意「墨守成規的」歷史學家的假設，認為藝術和科學是兩種非常不同的解讀世界的方法。他們早已看穿二分法的意識形態所在——歷史學家一般而言都誤認其為真——因而他們以為二者的差異事實上是認識論和方法論的問題。這場辯論之所以繼續下去，很大一部分是因為我在導論中所提到的歷史學家都沾染上的特點——對於理論的反感。懷特的一段話，尤其能說明這種史家的通病。他說，自十九世紀中期起，大多數的歷史學家都有意的採取一種方法

---

21 這一節引自懷特，《論述的轉喻》，尤其是第一章〈歷史的負擔〉。

論上很天真的想法：

> 由於歷史已變得愈來愈專業化和專門化，一般的
> 歷史學家，都致力於尋找那些不易發現的文件，以
> 便使他們成為狹小領域中的權威。他們因而沒有什
> 麼時間去認識在藝術和科學領域中的晚近發展。因
> 此，許多歷史學家沒有覺察：藝術與科學間的絕對
> 分裂——也是他們自己為僭取藝術與科學之間的調
> 停角色所假定的——或許再也無法被證明了。[22]

因而，事實上，就「藝術—科學」辯論的認識論和方法
論觀點來說，這場辯論已經過時。然而，我們可以解釋說：
它之所以能透過仍然表現為「方法」的意識形態壓力而保持
目前的活力，主要是因為歷史學家對於理論和內省持有相當
傲慢的態度。

## 結論

回顧本章所述，似乎我所認為構成關於歷史學性質初步

---

22 同前引書，頁 28。

辯論若干主要方面的問題，是聚集在真理有問題這個說法衍生物的周圍。我之所以這麼想，是因為幾乎所有「歷史問題」所產生的以及它周圍的辯論，事實上都存在於那兒。諸如歷史學家的知識是可以客觀且通過「正當做業」獲致的，或是互為主觀（intersubjective）和解釋性的？歷史是沒有價值判斷的，還是永遠為「某人」而定位的？歷史是天真無邪或意識形態的、無偏見或有偏見的、事實或幻想的？又或者像神入是否可以使我們對於生活在過去的人有真正的了解？藉著乞靈於原始的資料（遺跡），我們是否能真正且深刻的了解過去？那些概念性對語是否可代表歷史的本質。最後，過去的祕密到底是將藉由精確的科學方法或是藝術家的眼光而顯示出來？

　　對於這些問題，我的答案是帶有懷疑色彩的。當然，因為這是從第一章中，我對「歷史是什麼」這個問題的態度一路延伸下來的。在第一章中，我申論了「過去」和「歷史」乃屬於不同的類別（因而構成了本體論上的間際），接著，我從認識論、方法論、意識形態和實際操作等方面，逐一指出當「過去」轉化成「歷史」時會變得有問題的理由。由於我對於「過去可以被了解到什麼程度」這個問題的結論，是一連串的強烈質疑，基於前後一貫的態度，我當然是會攻擊任何確定論的知識。因此，針對上述所提的辯論，我不得不

主張過去的真實性是不可捉摸的；歷史是存在於主觀之中且在意識形態上有立場的；客觀性和無偏見的說法是妄想的；神入是有毛病的；「原件」並不表示「純正」；歷史不是一門藝術或一門科學，而是別的，是自成一格的，一場追求真實的此世的文字語言遊戲。歷史是科學或藝術的比喻，反映了權力的分布——這種權力使比喻發揮了作用。

　　當然，這種對歷史知識的懷疑可能導向玩世不恭和各種否定論。但是對我而言，它不必也不是這樣。和懷特所持的理由相同，我認為道德上的相對主義和認識論上的懷疑主義，是社會寬容的基礎，也是對「差異」的積極承認[23]。正如懷特所云：

> 我們並不期望康斯塔伯（Constable）*和塞尚（Cézanne）會在同一個風景中尋找同樣的事物。當我們在比較他們對同一個風景的各自描繪時，我們也沒設想必須在它們中間做一選擇，決定哪一個是正確的。……當我們在觀察一位藝術家或一位科學家［或歷史學家］的作品時，我們不會問：在同樣

---

23 懷特，《形式的內容》，頁 227，註 12。
* 編按：英國風景畫家。

一般的範圍中，他看到的東西和我們看到的一不一樣？而會問：對於任何可以了解他所使用的符號系統的人來說，他是否在他的報告中引入任何不正確的訊息。

　　這樣的概念若運用到歷史寫作上，將會促進方法論和文體論的世界性，進而迫使歷史學家放棄以「公正不倚」和「真實的角度」對人生某一特殊部分進行描述的企圖，並且承認沒有所謂「單一」的正確看法……有些人可以和我們同樣嚴肅地看待過去，但其方向不同。上述的認知可使我們認真的接受他們創造性的扭曲。因此，我們不該再天真的期盼關於過去某個時代或特定事件的陳述，可「對應」到某種先已存在的一團原始事實。因為我們應當了解：在歷史學家選擇他藉以整理過去、現在和未來世界的隱喻時，會嘗試努力解決一些問題，而問題這時就構成「那些事實的本身」。24 *

---

24 懷特，《論述的轉喻》，頁 46-47。

* 校按（盧）：此處作者似乎是說，歷史事實本身並非客觀發現的，而是史家本身出於當下關懷所掌握到的過去的一些東西。

這便是我在本書中一直關心強調的那種研究方法——積極的和內省的懷疑主義。這種態度是視知識是一件好事,而當我們現有的、做為一種文化的懷疑性知識向我們顯示出,我們過去曾有的、做為一種文化的確定性知識的極限時,知識也不會變壞。再者,把歷史和構成它的各種勢力繫聯在一起,歷史可能失去其純真。但是,如果歷史這份「為歷史而歷史」的純真,向來便是具有支配性的論述明確表達其利益的方式,那麼,在一個民主社會裡這是我們應當知道的事*。總之,此處的目的是要協助你自我反省,不但在提出問題和接受答案時要有自覺性的反省,同時對一個人為何以某種方式提出問題和解答問題,以及更進一步,就他的立場而言,這樣的處理方式意謂什麼,也要有自覺性的反省。這樣的反省,仔細思考了我們所研究的論述——歷史——是如何由遠超過其表面探索目的——過去——的各種力量和壓力所寫成。我以為今天欲了解這些力量和壓力的最好辦法,便是使用後現代式的做法和想法。

---

\* 校按(古):作者認為所謂為歷史而歷史根本是神話,這只是主流論述保持其利益的方法。

第三章　在後現代世界做歷史

■ 後現代主義的定義
■ 後現代主義的方法
■ 後現代主義的歷史

　　在本書各處，尤其是在上一章結論中，我都宣稱我們是生活在一個後現代的世界，而這種後現代的情境則影響了我們對於歷史所可能的看法。現在我想做的是證明此一宣稱，並且談談這樣的看法可能伴隨而來的結果。為此，我將本章分為三節。首先，我想研究一個已經存在的後現代主義的定義，並且簡短的看一看該定義所指陳的情境已隱然存在的情形。其次，我將說明這種後現代主義的方法如何造出相當多的各種文類的歷史著作，而其中有部分含意是關於歷史性質和歷史工作的。第三，我將概論歷史或許應該是什麼——這樣的歷史不打算否認後現代主義的成果，而是進一步提出一個順著這些成果而行的方法，一種在後現代世界做歷史的方法，以再度闡明「歷史的問題」。

　　後現代主義是一個困難的領域。由於後現代主義者不承認有任何事物是固定的或連續的，因而妨礙了他們為他們自己所屬之領域下定義的企圖，以致某些評論者甚至懷疑（自封為後現代主義的人也一樣）這種情境是否真的存在[1]。我愈來愈覺得法國哲學家李歐塔在《後現代情境》一書中所提出

---

1　考林尼可斯，《針對後現代主義》（A. Callinicos, *Against Post-Modernism*, Oxford: Polity, 1989）。

的定義，是我可以了解和運用的[2]。李歐塔無可懷疑的有他的
謗議者，而我在此使用他的構想，並不表示我完全忽略各種
各樣的批評。然而，不論如何，李歐塔對於我生活其間的這
一部分世界的分析，卻是我可以了解的——在這一部分世界
的社會系統中，由於世俗化、民主化、電腦化和消費化的壓
力，地圖正被重畫，知識的本質正被重新描寫。李歐塔的定
義提供了一個有利的切入點和一系列的概念。從這切入點通
過這些概念，我們似乎可以看到，就一般情形和受到影響的
一面——也就是歷史——而論，目前的走向是什麼。

　　李歐塔的定義，在其最根本的基礎上，形容後現代主義
為正在見證「許多中心的死亡」和正在展現「對後設敘述的
懷疑」。這些事情是什麼意思？該如何予以解釋？

　　首先，它所指的是那些設定各個不同中心所具有之特權
的舊式組織體系（比方說以盎格魯為中心、以歐洲為中心、
以民族為中心、以性別為中心、以語言為中心的事物），已
不再被視為正統和常態的辦法（正統是因為常態），而被視
為暫時的虛構，這些虛構只能用來明確表達非常特殊，而非
普遍的利害關係；而「對後設敘述的懷疑」，意謂那些賦予

2　Jean-Francois Lyotard, *The Post-Modern Condition*, Manchester: Manchester
　University Press, 1984.

西方各項發展以意義的偉大結構性（形而上學的）故事，其
活力已然耗盡。在十九世紀「上帝已死」的宣告（神學上的
後設敘述）之後，取代上帝的人間代理者的死亡宣告也已出
現。從十九世紀晚期到二十世紀，理性和科學已遭損害，使
所有建築於其上的確定論論述都成了問題：包括整個啟蒙運
動計畫，表現在人文主義、自由主義、馬克思主義之中的改
革和解放，種種等等。

　　為何會產生這樣的結局？為什麼今日有這種懷疑的「常
識」？讓我在意識到所有歷史敘事都是由人所建構的情形
下，提供一個簡短的說明[3]。

　　很久以前，前現代社會的階級組織，主要是建築在當時
所認為的固有價值觀念之上：神性、種族、血統、世系。在
此，決定一個人的地位的是他的出身、稟賦，因此，有的人
生來便是要「統治他人」的，有的人生來便是要「服侍別
人」的。人們知道、也擁有「他的地位」。但是，被商業
上、財政上和工業上布爾喬亞階級所砍去的，正是這些一度
使國王、貴族和僧侶有合法地位的自然秩序。布爾喬亞階級

---

3　詹京斯和布瑞克雷在所著〈永遠的歷史化〉（'Always Historicise...', *Teaching
　　History*, 62, January 1991）中引用這個說明性故事的許多部分，來討論「國家
　　審定的歷史教學課程」。

在匆忙製造各種東西的時候，也開始製造它自己，透過自由主義的效用表達它的野心。根據這個理論，人的價值不在於出身而在於努力。一個人一生之中所有的價值是賺取的，不是被賦予的。因此，辛勤工作的布爾喬亞階級，不久便在那些表現和包含其辛勞的外在物件——私有財產——中，找到自己的價值。在這個地位之上，布爾喬亞階級得以提出兩項批判標準，以確定其與其他人的不同，以及確定其本身較任何人更為重要。他們自以為與那些財富不是自己賺來的人（閒散的富人）和那些只有很少財產或沒有財產的人（比較閒散的窮人），都不一樣。

然而，這種十八世紀晚期到十九世紀早期的「正統化」卻未能持久。在發展資本主義的生產方式時，布爾喬亞階級也發展了其他的現象：一種浪漫的、貴族式的反動，變質為菁英主義的倦怠，這種倦怠在二十世紀的許多地方以令人不悅的方式重新浮現[4]。另一方面，賺取工資的勞工，雖然的確承認自己很窮，但卻不承認自己懶散，希望被視為勞動階級——也就是後來對他們的稱謂。因而，不久以後，這樣的工人便開始堅持效用的概念——布爾喬亞階級便曾經使用同

---

4 見史坦納，《在藍鬍子的城堡》（G. Steiner, *In Bluebeard's Castle*, London: Faber, 1971），尤其是第一章〈偉大的厭倦〉（'The Great Ennui'）。

樣的概念對付舊政制——來對付一個由工人的角度看來，其本身即相當於不事生產的布爾喬亞階級。如此，效用的構想成了一種「粗略的剝削指南」，而馬克思特別替工人階級（無產階級）按照這個概念塑造了對其地位更複雜細緻的哲學性和歷史性的了解。如此所造成的意識形態，不主張無產階級取得某種財產，以便經由財產他們可以像布爾喬亞階級一樣享有正式的權利和自由（令人心動的布爾喬亞階級值得尊敬的政治騙局）。相反的，他們倡議廢棄財產才是通往真正自由之路。既然無產階級事實上沒有產業，那麼他們除了珍視他們有的——他們自己——以外，還能珍視什麼？他們主張，人只要活著便有價值。如果一個人實際上為資本主義的財產分配方式所阻撓，那麼這種財產便應該拋棄。在不久的將來，世界將享有真正的人類自由，也為大家所享有——共產主義。

　　1917 年，蘇聯開始共產主義的實驗。從一開始，它企圖全球化的野心（「全世界的工人聯合起來」）便受到挫折。馬克思主義的世界主義，很快的地方化成為「國家／民族」的表現，而它解放的目標，不久便成了專制手段中的偶然情況。就這樣，實際存在的社會主義在無意間解構了自身的潛力，使工人一度非常樂觀的後設敘述——馬克思主義——變得愈來愈悲觀。

　　同時，在西方世界也發生了一些事件，如兩次以歐洲為主戰場的世界大戰、經濟危機、法西斯主義、納粹主義，以及撤出殖民地時受罪惡感煎熬的精神創傷，加上「西方馬克思主義者」（包括葛蘭西、法蘭克福學派、阿圖塞），以及較晚近的男女平權主義者對資本主義更進一步的批評。這些，終於摧毀了最後剩下來的幾種理論——支持自由主義進步觀念的理論、支持透過競爭達到和諧的理論，以及對（布爾喬亞階級）合乎理性的人通情達理的樂觀信念。在這個情形下，資本主義不得不另找一個價值觀念的基礎。這一次，它在公然稱頌的市場力量之中找到了。市場力量實際上始終在支撐著資本主義，但是長久以來，大家都認為若不替它加上某種具保護性的人性（有機主義的、人文主義的、福利國家主義的）面貌，就讓它公然露臉，是十分冒險的。市場力量在貨幣主義等理論上的可見度，與 1950 年後不尋常的經濟成長率齊頭並進。

　　但是，我們可以料到，這麼明白無諱的「現鈔交易關係」的勇敢呈現，這麼樣的著重消費者的選擇，只能用強調相對主義和實用主義為代價去換取。在開放的市場上，商品不要求擁有內在價值；「貨物」的價值在於可以用它們換取什麼，亦即在於它們的交易價值。在這樣的市場上，人們也穿上商品的外衣，在外在的各種關係中找到他們的價值。類

似的，私人和公眾的道德也受到影響。倫常成為私人化和自
我崇拜，成為一件關乎「品味和風格」的相對而隨心所欲的
事：「你想怎麼樣便可以怎麼樣！」沒有道德上的絕對標準
凌駕於日常的事物之上。這種相對論和懷疑論也影響到認識
論和方法論上的做法。在此只有立場、看法、模式、角度和
典範。知識的對象似乎是隨意構成的，以拼貼、剪接、模仿
等方式隨意丟在一起。因而，如李歐塔所云：「現代性似乎
是塑造一連串『瞬間場合』（moments）的一種方式，而它接
受高度的偶然性。」[5] 在此，具有支配性的是富有伸縮性的實
用主義（有報償的就是好的），它造就了一系列精打細算的
做法。因此，在如此感受到相對性的這個文化中，任何左翼
解放的殘留說法（已經被其實際的左翼政權所破壞），都已
變為混淆不清，尤其是因為左翼（客觀的）「探究／承諾」
的對象——勞動階級——事實上已經消失。由於在面臨較新
穎的「企業性／服務性」做法時，老式工業的做法已經重
組，勞動階級，正如組成它的重工業一樣，事實上已經被分
解。取代它的是一連串不同的人群；一個小的工人階級核
心，一個新或頗新的下層階級，以及（某些）年輕人相當不

---

5 李歐塔，〈今日時代〉，收入《牛津文學評論》（J. F. Lyotard, 'Time Today', *The Oxford Literary Review*, 11, 1-2, 1989, pp.3-20），頁 12。

穩定的組合、失業的人、黑人、婦女、同性戀者、贊助環保
的政黨等等。

　　把故事做一個結束：在這個充滿「後」字的時代裡──
後自由主義、後西方、後重工業、後馬克思主義──舊日的
中心岌岌可危，而舊日的後設敘述不再反映現狀和允諾，由
二十世紀晚期的懷疑的角度來看，那些允諾是難以置信的。
（「竟然也有人會相信那個幻想！」）可能沒有任何我們所知
道的社會構造，已像自由市場資本主義這樣，有系統的由其
文化中根除了固有的價值觀念。它在這樣做的時候，並不是
透過選擇，而是透過「後期資本文化的邏輯」[6]。因而，正如
史坦納所云，目前我們智識和社會情況的主要事實，是那些
具有高低層級的、有特定意義的價值曲線表（能有不具高低
層級的價值嗎？），已幾近完全，幾近有意識的崩潰了[7]。

　　後現代主義便是這些情形的一般表現。後現代主義不是
一個一致性的運動。它不是基本上屬於中心的左翼或右翼
（光譜上的某一點）的傾向，也不是後 1968 年知識分子／巴

6　詹明信，〈後現代主義，或，後期資本主義的文化邏輯〉，收入《新左評論》（F.
　　Jameson, 'Post-modernism, or the Cultural Logic of late Capitalism', *New Left
　　Review*, 146, 1984）。參照杜斯編，《哈伯瑪斯：自治和團結》（P. Dews [ed.],
　　*Habermas: Autonomy and Solidarity*, London: Verso, 1986）。
7　史坦納，《在藍鬍子的城堡》，頁 66。

黎派憂鬱的後果 [8]。相反的，如情形所要求的，當貴族的、布爾喬亞的和左翼的意識形態專家（由尼采到佛洛伊德到索緒爾 [Saussure] 到維根斯坦到阿圖塞到傅柯到德希達），他們在適應較廣泛的社會經濟、政治和文化變動時，他們必須面對一系列的論述（哲學、語言學、政治學、藝術、文學、歷史），去重新估量其立場的基礎。這些重估，雖然方法非常不同且理由完全相反，但卻都得到同樣的結論。當他們竭力搜尋他們自己立場的某些基礎時，他們卻只認識到：對他們自己或其他任何人來說，這樣的基礎都不存在，而且從來都沒有存在過──每一個偶像的腳都是泥做的。因而，懷疑主義，或者說得更重一點，虛無主義，目前已成為「我們這個時代」支配性的、支撐性的思想預設 [9]。

當然，各種類型和不同程度的懷疑主義在「西方傳統」中久已存在（如在第二章所提），但不同的是，以往它們只間歇出現且居於邊緣地位，這一次卻大剌剌的橫置在我們的文化中，而且也受到不同程度的歡迎。因為後現代主義者不但拒絕對那些目前如鬼域般的中心和後設敘述表示悲悼或懷

---

8 見考林尼可斯，《針對後現代主義》，尤其是第五章〈那麼，還有什麼別的新的？〉（'So What Else Is New?'），頁 121-71。

9 關於後現代主義的概論，見哈維，《後現代的情況》（D. Harvey, *The Condition of Post-Modernity*, Oxford: Blackwell, 1989）。

念（也不為受惠最多的人惋惜），而且，還為了各種各樣的理由，稱讚並有計畫的利用廣為大家所承認的「現實與概念的不可共量性」（incommensurability）[10]。

這便是我所認為的我們的後現代世界。我在第一章和第二章中所概述的歷史看法便是在這種壓力的顧慮和迫使下形成的。而這同樣的壓力——這種排山倒海而來的情況——造成了我現在想接下來考慮的問題：由其所造成的一大堆歷史文類著作目前圍繞在我們四周，並有助於將歷史相對化和歷史化（historicise）——而這個時候，歷史正開始由這些「懷疑的特徵」表現出來。在這個後現代的情境中，羅逖所分析的「諷刺性重新描寫」概念，恰當地描寫了我們的時代及其過去的各式活動，也可用來介紹這些歷史文類。

在《偶然‧反諷與團結》[11] 一書中，羅逖描寫了一個他所謂的自由主義諷刺家的人物（其實便是他本人）。這個人之所以是自由主義者，是因為他（她）認為殘忍的舉動是一個人能加諸另一個人的最惡劣行為。但是他（她）同時也是一位十足的歷史相對論者和唯名論者（「事物」是「文

10 同註 8，頁 18。
11 羅逖，《偶然‧反諷與團結》，尤其是引言。

字」），以致放棄了「這種『信念』向後回溯到某種超越時間和偶然的真正基礎」的想法。對於自由主義諷刺家來說，我們無法向意欲殘忍的人證明這樣做是不對的。羅逖說：在十八世紀末時便已出現當今廣泛存在於我們文化中的看法，亦即只要重新予以描述（正如在我的故事中，對貴族、布爾喬亞階級和無產階級來說，其所謂的價值已經過重新說明），任何事物都可以看來好或不好，為人所喜或不為人所喜，有用或無用。而正是這個「重新描寫的趨勢」，環繞著我們在本書中所特別感到興趣的主題——「過去／歷史」。

因為如前所述，這個過去是可以無限地予以重新描述的。它可以，而且已經支持了無數似乎真實，而且就它自身方法論的見解來說，同樣合理的歷史。它已毫無失誤的給了歷史學家（和假冒歷史學家的人）他們曾經和現在仍舊希望的各種：出身、淵源、使成為合法的先例、當他們想要控制時用得到的解釋和世系（王黨、民黨、馬克思主義者等等），以致他們可以使過去成為他們的過去，並且像尼采一樣宣稱：「我就是願意這樣。」

今日，較以前更多的人（們）表達其意願。隨著各中心的消失和後設敘述的崩潰，後現代主義的情況已造成了各種歷史的繁生。在我們「民主／以消費者為中心」的文化中，隨處可以見到這個情形——一大堆可以用種種方法使用和濫

用的文類著作（設計者／合適的歷史）。

　　我們在此可以指認出如歷史學家的歷史（企圖稱霸於這個領域的專業歷史，見於學位論文、專論和教科書中）、教師的歷史（專業歷史必然的通俗化），以及一系列的其他各種形式──包括兒童的歷史、通俗回憶性歷史、被禁止的歷史、黑人的歷史、白人的歷史、婦女的歷史、反動的歷史、女權主義者的歷史、男人的歷史、傳統的歷史、革命的歷史、下層階級的歷史等等。所有這些不同種類的想法，都受到地方性、區域性、國家民族性和國際性看法的影響。

　　還不止於此。所有這些類型都有不整齊且重疊的邊緣。它們全都彼此依賴，而且都以「不是什麼」而給自己下定義──互相影響。不僅這樣，它們全部都為認識論、方法論和意識形態的假設所攻擊。這些假設不以一對一的關係出現，但卻遍及整個領域，因而我們可以輪流由結構上和現象學的觀點，由自由主義或馬克思主義或激烈右派的角度，來看這每一種類型。我們可以合併和再合併現有的因素，以致所產生的歷史沒有任何的必然持久性，沒有本質的表現。因而，顯而易見的，解讀是完全偶然的，而在（比方說）我們文化的「中心」，各種解釋的存在，不是因為它們是真實的和在方法論上正確的（如果它們的主題令人不快，則精采的歷史著作也可以被邊緣化），而是因為它們順從支配性的論

述辦法,而這又是「權力╱知識」的一個例子。

當由正面的觀點看時,這種解釋上的流動,有可能賦予甚至最不重要者權力——即使他們沒有權力製造其他民族的歷史,他們至少可以製造自己的歷史。如維多森(Peter Widdowson)所云:歷史現在不大可能從歷史編纂法所主導及按方法論提供的解構主義解救出來,而且也不應予以解救[12]。質疑歷史學家真實的觀念,點出了事實的多變性真相,堅持歷史家是由意識形態的立場描寫過去,強調歷史是一種文字論述和任何其他論述一樣可以被解構,主張「過去」和小說家在寫實故事中所隱喻的「真實世界」同樣是抽象的(notional)概念——只不過永遠存在於明確表達它的目前論述中*——凡此種種都推翻了過去,打破了過去,而在打破的裂縫中,新的歷史才能被寫成。

然而另一方面,有許多人仍然保有足夠的力量劃出表面上「正當」的歷史疆界(它仍被頑強的參照想像中的客觀性而賦予定義)。當這些人從負面的角度觀察時,這種以別的

---

12 維多森,〈過去的創造〉,收入《泰晤士高等教育附刊》(P. Widdowson, 'The Creation of a Past', *The Times Higher Education Supplement*, 3.11.90)。也參照維多森編,《英文的再解讀》(*Re-reading English*, London: Methuen, 1982)。

* 校按(盧):以上是後現代史學的主要態度。

方法解讀的自由似乎是具有破壞性的；它看來具有挑戰性。因此，一般的情形是：支配性的論述辦法想要抹煞它們所不喜歡的那些解讀。目前，我們可以看到兩種這樣的抹煞辦法。一是，具支配性的論述企圖將不受歡迎的各種歷史收編並納入主流（比方說，藉由在歷史本身當中賦予男女平權主義的讀物一個適當和可敬的地位加以「再馴服」[redomesticate，亦即加以收編]，而非讓它們繼續維持女性故事 [her-story] 的狀態）。其二，很諷刺的是，具支配性的論述法利用後現代主張無過去的現象，藉著加以改寫（重新描寫過去）而轉變成對他們有利的局面。

　　如果「過去」可以解讀為非實質性的利害和風格的無限循環，這不僅適用於比較具有支配性的解讀，也適用於較新的解讀。因為，雖然可能有同舟共濟的感覺，但由於舟上的人並非都居於同樣的地位，而有的人已有其固定的歷史，因而這種歷史建構基礎的發生問題，對那些早期的建構來說損失更大。維多森又說：「在這種情況之下，後現代主義是資本主義想要打敗，也真的打敗了反對力量、爭論和改變的最後一大策略……我們被安置在一個極端『空泛』的記號世界。沒有意義，沒有階級，沒有歷史。只是一個無休無止的影像行列；過去只是一串有趣的風格、類型和表意法，放映再放映，表示做法可以任意的合併再合併……此處唯一存在

的歷史，是記號（signifier）*的歷史，而這根本不是歷史。」[13]

關於後現代主義的這些「可能性」而同時又可以表達出來的情形，我自己的看法是：這種對於維持和關閉現狀（status quo）的企圖，在民主化的、「懷疑／諷刺」的社會構造的走向中不大會有結果，而且，在維多森以後，它們反正也不應有結果。在斯庫拉女妖和卡律布狄斯海怪**之間，一邊是被認可授權的歷史，另一邊是後現代的無過去。在這進退維谷之中，有一個空間留給盡量多的人寫作其自己的歷史，致使他們的作品在世界上能有真正的效果（有真正發言權）。當然，在其方向和影響上，這些效果無法予以精確的，或（使馬克思主義擔保人懊惱的）決定性的保證[14]。但

---

* 譯按：或譯意符。

13 維多森編，《泰晤士高等教育附刊》。

** 編按：斯庫拉（Scylla），六頭十二臂的女妖；卡律布狄斯（Charybdis），吞食海水的漩渦海怪。希臘神話中，此二海妖位居西西里外海的兩座礁山之下，來往船隻必須從中駛過，亦即將面臨進退維谷、腹背受敵的險境。

14 尤其見班奈特，《文學以外》，特別是第三章〈文學／歷史〉和第十章〈批評和教學法：文學和知識分子的作用〉。班奈特主張的那種後馬克思主義及其超越以對抗後現代主義是很有趣的，就「歷史的性質」來說也很中肯。他全力對付做為論述性結構的那種過去，可是不讓任何論述行動任意挪用它。關於企圖造成一種容受偶然、反諷與自由的團結，而又設法阻止它成為可以隨意為之的情形，參照前揭羅逖相當精采且自由主義的著作。

是它們能夠出現，而我們也能夠對它們幫得上忙。因為，如
果我們不把它當做追求對過去真知的實體學問（也就是它傳
統的外表），而視它為具有當下心態的人（presented minded）
了解「過去」的論述行為，按照他們的需要去發掘「過去」
和重新加以組織。那麼，這樣的歷史，如文化批評家班奈特
所云，很可能有一種強烈的使人信服的力量，可以使前此被
隱藏或保密的、前此被忽略或迫退的過去，多方面為人所
見，因而產生新的見解。這些見解實際上可以對於現在且在
現在內部造成解放性和實質上的差異──而這也就是所有歷
史開始和回歸的所在。

　　我現在來到本章第三和最後一節。在此，我想建議一種
可能將如前所述的後現代主義成果（按民主解放的正面方
向），應用到歷史上的方法。這種民主解放同時進一步澄清
「歷史性質」的問題。
　　在《歷史的話語》中，羅蘭・巴特曾經主張：過去可以
由許多歷史家的做法和比喻來表示。然而，他們之中有的較
不具神話性或故弄玄虛，因為他們刻意的讓人們注意他們的
製作過程，並且明白的指出他們所指示的對象之性質是「建
構（constructed）而成的，而非發現（found）出來的」。照
我看來，這種做法的好處很明顯。我們應該採用這種可以將

那些具有確定論假面的解釋方法加以解構和歷史化。因為戴著確定論假面的解釋，無法質疑其自己形成的條件；忘記指出它們對未揭露的利害關係的屈從；錯認它們自己歷史性的時刻＊；又掩飾了那些認識論的、方法論的和意識形態的預設——這些預設，如我在本書各處所強調的，無時無地不將「過去」折衝（mediate）成「歷史」。

這種可喜的歷史研究方法——其設計是為了發展交織著諷刺的、「民主化的批判性知識」的歷史研究方法——如何可以付諸實現？也許有兩件事是必要的。第一件可稱為自省的研究法。這是說，（或許以一個學者的身分）有人明確的為你分析：為什麼你正在學習的歷史是你正在學習的這種？為什麼你是以現在所用的這種方式，而非別種方式，在學習歷史？這種分析可以勘掘出「過去」與「歷史」之間的豐富區別，而我在本書中已經開始介紹和研究的「歷史問題」，便是由這種區別裡面產生出來的。再者，我們需要精細的歷史編纂研究，去審查就其方法和其內容來說，從前和當前的歷史是如何寫成的。對於這個問題，我們需要另一部書。在此，我所要建議的是把歷史加以激進的歷史化（radical historicisation，或稱永遠的歷史化）。我認為這是一個自省的

---

＊ 校按（古）：亦即誤以為可以「神入」過去。

歷史學家的起點。接著想建議：對於隨後的歷史著作，你要
發展出一種有自我意識的（並且承認持有）的立場來研究。

　　以下有必要對「立場選擇」提出一點評論。

　　當我說：你應該明確的選擇立場時，我並不是說：如果
你不想這麼選擇，那麼你做的便是「無預設立場」的歷史。
亦即，我不是說你有某種選擇或不選擇的自由，因為這是沒
有反思過的自由。在自由的論述中，在某個地方和以某種方
式，總有一種中立立場，由這個立場觀看，你完全可以選擇
和不選擇。這個中立立場不被視為已經採取的一個立場，而
被認為是一個沒有利害關係的地點。在此，你可以氣定神閒
的和客觀的做無偏見的選擇和判斷，但是我們已經看到實際
上的情形不是如此。天下沒有「無立場的中心」（事實上是
矛盾的說法）這回事。不可能有毫無立場的位置。唯一的選
擇，是在「了解它在做什麼」的歷史與「不了解它在做什
麼」的歷史之間的選擇。文學理論家楊昂（Robert Young）
說得很中肯（此處「批評」應讀成「解讀」）：

　　　沒有任何批評不具蘊涵的 —— 如果不是明確
　　的 —— 理論立場。因而，針對「理論性批評」所提
　　出的抱怨 —— 也就是說它在典籍（過去）的本身上
　　面，強加它的理論 —— 事實上最適用於「非理論性

的批評」，其關於如何去解讀以及解讀什麼的先入
之見，是非常根深柢固的，以致它們仍然保留「自
然的樣子」……完全沒有理論。[15]

因此，所有的歷史都是理論性的，而所有的理論都是有
立場和正在採取立場的。在你如何選擇你自己的立場上，我
顯然無意強迫你接受我自己解讀過去的辦法，但是我要請你
記住：當你在選擇時，你始終是在選定一種對過去的解釋版
本和有效的將過去據為己有的方法；而這種定位使你和某些
解讀（讀者）持同樣的看法，又和某些解讀（讀者）有異
議[16]。這代表著，自稱知道歷史是什麼的人，對他們而言
（正如對我而言），永遠是已經做了某種解釋的行動[17]。

---

15 楊昂，《鬆開文本》（R. Young, *Untying the Text*, London: Routledge and Kegan Paul, 1981），頁 viii。

16 關於民主、賦權、組合和解放這類定義鬆散的觀念，可參考班奈特那部廣泛而引人深思的討論和批評，班奈特，前揭書，第九章和第十章。參照慕夫和拉克勞，《霸權和社會主義策略》（C. Mouffe and E. Laclau, *Hegemony and Socialist Strategy*, London: Verso, 1985）中所用的後馬克思主義推論法，班奈特在前揭書第十章的分析中認為，這種研究取向加深了本書中略微提及的民主等觀念的「團結性」問題架構。

17 關於這一點，參看懷特的評論：「不像二十世紀以為歷史是唯一求真的偏見，偉大的歷史哲學家（維柯 [Giambattista Vico]、黑格爾、馬克思、尼采、克羅齊）和偉大的歷史編纂古典作家（米歇萊 [Michelet]、卡萊爾 [ Carlyle]、蘭

最後，第二件有助於實現「對『歷史問題』和做歷史工作」的懷疑性和批評性自省研究法的，是選擇一個適合這樣做的內容。當然，由於「過去」隨時準備滿足任何想解釋的人，所以「過去」的任何一部分都可以是適合的內容。不過，在其他條件都相等的情況下，我自己比較喜好的，是那些有助於我們了解我們所生活的世界的一系列歷史，和有助於產生它也由它產生的歷史形式。這是一種相當平凡的主張，但是使用傅柯形式的言語來說，它也可以嚴重的被扭曲：不是協助我們了解我們生活其間的世界的歷史，而是一連串「當下的歷史」（histories of the present）。

這個選擇的理由可以簡短的予以說明。如果「當下」最好是被理解成「後現代」（以及如果，如瑞夫 [Philip Rieff] 所云，我們在經過這場所謂現代性的實驗之後還能存活下來的話）[18]，那麼，這便表示我們所喜好的歷史的內容，應該是針對這個現象的研究。也就是說，通過對後現代主義在方法

---

克、德羅伊森 [Droysen]、伯克哈德 [Burckhardt]）至少有修辭上的自覺。這種自覺允許他們認識到任何一組事實都是可以用各種方法平等的予以描寫，認識到天底下不是對任何事物皆只有一個正確的描寫；某種對這件事的解釋爾後可用來支持這個描寫。簡言之，他們認識到所有原始的描寫都已經是解釋。（懷特，《論述的轉喻》，頁 127）

[18] 瑞夫，《治療學的勝利》（P. Rieff, *The Triumph of the Therapeutic*, London: Penguin, 1973），散見各處。

論上正確的看法，對我們現在所處世界所做的分析，不僅可以幫助我們找出當今所有關於「歷史是什麼？」（歷史是為了誰？）的辯論，而且在處於新舊交替的時刻裡，也告訴我們這些辯論在某種意義上其目的是什麼：一個可以針對這個問題找到資訊充足和可行的答案。因此，在後現代的世界，歷史的脈絡和內容，應該可以說是對於製造「後現代性」本身歷史的一大串在方法論上具自省性的研究。

索引

Re-thinking History

Copyright © 1991 by Keith Jenkins

'In Conversation: Keith Jenkins and Alun Munslow' © 2003 Alun Munslow

Complex Chinese edition copyright © 1996, 2008, 2011 Rye Field Publications,

A division of Cité Publishing Ltd.

All Rights Reserved.

歷史與文化叢書1

# 歷史的再思考
## *Re-thinking History*

| | | |
|---|---|---|
| 作　　　者 | 凱斯·詹京斯（Keith Jenkins） | |
| 譯　　　者 | 賈士蘅 | |
| 特 約 編 輯 | 金薇華 | |
| 責 任 編 輯 | 吳莉君　余思　吳惠貞 | |
| 封 面 設 計 | 王志弘 | |
| 編 輯 總 監 | 劉麗真 | |
| 總 經 理 | 陳逸瑛 | |
| 發 行 人 | 涂玉雲 | |
| 出　　　版 | 麥田出版 | |

城邦文化事業股份有限公司

104台北市中山區民生東路二段141號5樓

電話：(02)2500-7696 傳真：(02)2500-1966

部落格：http:// ryefield.pixnet.net/blog

發　　行　　英屬蓋曼群島商家庭傳媒股份有限公司城邦分公司

104台北市民生東路二段141號11樓

書虫客服服務專線：02-2500-7718・02-2500-7719

24小時傳真服務：02-2500-1990・02-2500-1991

服務時間：週一至週五09:30-12:00・13:30-17:00

郵撥帳號：19863813 戶名：書虫股份有限公司

讀者服務信箱E-mail：service@readingclub.com.tw

歡迎光臨城邦讀書花園 網址：www.cite.com.tw

香港發行所　城邦（香港）出版集團有限公司

香港灣仔駱克道193號東超商業中心1樓

電話：(852) 25086231 傳真：(852) 25789337

E-mail：hkcite@biznetvigator.com

馬新發行所　城邦（馬新）出版集團【Cite(M)Sdn. Bhd.(458372U)】

11, Jalan 30D/146, Desa Tasik,

Sungai Besi, 57000 Kuala Lumpur, Malaysia.

電話：(603) 90563833 傳真：(603) 90562833

印　　刷　　前進彩藝有限公司

初 版 一 刷　1996年12月1日

三 版 一 刷　2011年10月1日

售價／250元

著作權所有・翻印必究　　Printed in Taiwan.

ISBN 978-986-173-677-8

國家圖書館出版品預行編目資料

歷史的再思考 / 凱斯．詹京斯 (Keith Jenkins) 作 ；
　賈士蘅譯 . -- 三版 . -- 臺北市：麥田，城邦文化
出版：家庭傳媒城邦分公司發行 , 2011.10
面 ；　 公分 . -- ( 歷史與文化叢書 ; 1)
譯自：Re-thinking history

ISBN 978-986-173-677-8( 平裝 )

1. 歷史哲學

601.4　　　　　　　　　　　　　100017105

Rye Field Publications
a division of Cité Publishing Ltd.

英屬蓋曼群島商
家庭傳媒股份有限公司城邦分公司
104　台北市民生東路二段141號2樓

▼

請沿虛線折下裝訂，謝謝！

文學・歷史・人文・軍事・生活

Rye Field Publications

編號：RH5001Y　書名：歷史的再思考

# 讀者回函卡

謝謝您購買我們出版的書。請將讀者回函卡填好寄回，我們將不定期寄上城邦集團最新的出版資訊。

姓名：＿＿＿＿＿＿＿＿＿＿＿　電子信箱：＿＿＿＿＿＿＿＿

聯絡地址：□□□ ＿＿＿＿＿＿＿＿＿＿＿＿＿＿＿＿＿

電話：（公）＿＿＿＿＿＿ 分機 ＿＿（宅）＿＿＿＿＿＿

身分證字號：＿＿＿＿＿＿＿＿＿＿＿＿＿（此即您的讀者編號）

生日：＿＿年＿＿月＿＿日　性別：□男　□女

職業：□軍警　□公教　□學生　□傳播業　□製造業　□金融業　□資訊業　□銷售業
　　　□其他

教育程度：□碩士及以上　□大學　□專科　□高中　□國中及以下

購買方式：□書店　□郵購　□其他 ＿＿＿＿＿＿＿＿＿＿

喜歡閱讀的種類：（可複選）

□文學　□商業　□軍事　□歷史　□旅遊　□藝術　□科學　□推理　□傳記

□生活、勵志　□教育、心理　□其他 ＿＿＿＿＿＿＿＿

您從何處得知本書的消息？（可複選）

□書店　□報章雜誌　□廣播　□電視　□書訊　□親友　□其他 ＿＿＿＿

本書優點：（可複選）

□內容符合期待　□文筆流暢　□具實用性　□版面、圖片、字體安排適當

□其他 ＿＿＿＿＿＿＿＿＿＿＿＿＿＿＿＿＿＿＿＿

本書缺點：（可複選）

□內容不符合期待　□文筆欠佳　□內容保守　□版面、圖片、字體安排不易閱讀

□價格偏高　□其他 ＿＿＿＿＿＿＿＿＿＿＿＿＿＿

您對我們的建議：＿＿＿＿＿＿＿＿＿＿＿＿＿＿＿＿

＿＿＿＿＿＿＿＿＿＿＿＿＿＿＿＿＿＿＿＿＿＿＿＿＿

＿＿＿＿＿＿＿＿＿＿＿＿＿＿＿＿＿＿＿＿＿＿＿＿＿